Rudolf von Caemmerer

Die Befreiungskriege 1813-1815

Ein strategischer Überblick

Rudolf von Caemmerer

Die Befreiungskriege 1813-1815

Ein strategischer Überblick

ISBN/EAN: 9783955640422

Auflage: 1

Erscheinungsjahr: 2013

Erscheinungsort: Bremen, Deutschland

@ EHV-History in Access Verlag GmbH, Fahrenheitstr. 1, 28359 Bremen. Alle Rechte beim Verlag und bei den jeweiligen Lizenzgebern.

Die Befreiungskriege
1813-1815
Ein strategischer Überblick

Von

v. Caemmerer
Generalleutnant z. D.

Berlin 1907
Ernst Siegfried Mittler und Sohn
Königliche Hofbuchhandlung, Kochstraße 68—71

Vorwort.

Der vorliegende kurze Überblick über eine Fülle gewaltiger Ereignisse beruht auf der „Geschichte der Befreiungskriege 1813—1815 in vier Einzelwerken", die seit einigen Jahren im Verlage von E. S. Mittler & Sohn erscheint und in der Erforschung jener Epoche einen bedeutsamen Schritt vorwärts darstellt. Von den vier Männern, die anfänglich an die Lösung der großen Aufgabe gingen, den Generalen v. Holleben, v. Janson, v. Lettow-Vorbeck und Oberstleutnant Friederich, sind leider zwei durch den Tod abberufen worden, ehe sie ihr Werk vollenden konnten. An die Stelle Lettows ist General v. Voß getreten, für Holleben habe ich die Fortführung der Arbeit übernommen.

Das Gesamtwerk wird nach seiner Vollendung neun starke Bände zählen, und in diesem Umstande finde ich die innere Berechtigung des hier vorliegenden schwachen Bandes, der die Gesamthandlung dreier Jahre umfaßt. Eine derartige knappe Darstellung fehlte bisher in der deutschen Literatur und erscheint gerade jetzt als ein wirkliches Bedürfnis, wo sich der Blick besonders häufig auf die Zeit vor hundert Jahren zurückwendet.

Wenn ich auch allmählich eine ganze Reihe von Werken über die Befreiungskriege kennen gelernt habe, so erhebe ich doch nicht den Anspruch, die ungeheure Literatur völlig zu beherrschen, welche für diesen Gegenstand in Betracht kommen könnte. Die Kritik hat die vier Einzelwerke alle als gediegene Forscherleistungen anerkannt und zumal auch die gründliche Benutzung von Literatur und Archiven hervorgehoben. Ich habe anderwärts nur nachgeschlagen, wenn ich ein besonderes Bedürfnis weiterer Aufklärung empfand. Für den Frühjahrsfeldzug 1813, dessen bis in die Einzelheiten gehende Darstellung ich erst beenden soll, habe ich neben Holleben die gleichfalls neue Schilderung des Oberstleutnants Frhrn. v. der Osten-Sacken und v. Rhein benutzt.

Besonders bestrebt war ich, die Darstellung leicht verständlich zu halten und sie so einzurichten, daß der Leser mit den gewöhnlichen Übersichtskarten aus einem Handatlas auskommen kann. Das Buch ist also ebensowohl für den Laien und Geschichtsfreund wie für den Soldaten bestimmt. Die eine hier angeschlossene Skizze gibt den politischen Zustand Europas im Jahre 1812.

Im Februar 1907.

Der Verfasser.

Inhalt.

I. Abschnitt.
Der Frühjahrsfeldzug 1813.

Seite

1. **Einleitung** .... 1—11
Napoleons Krieg gegen Rußland. Die Katastrophe in Rußland. Tauroggen. Russischer Vormarsch über die Weichsel. Die Russen in Berlin. Kriegserklärung Preußens an Napoleon.

2. **Der Vizekönig an der Elbe** .... 12—15
Französische Neuformationen. Die russischen Parteigänger an der Niederelbe.

3. **Das Vorrücken der Verbündeten bis Leipzig** ...... 15—19
Gefechte bei Möckern. Scharnhorsts Operationsplan.

4. **Der Anmarsch Napoleons** .... 19—21
Napoleons Feldzugsplan.

5. **Die Schlacht bei Großgörschen** .... 21—25
Die Schlachtanlage der Verbündeten. Ergebnisse der Schlacht.

6. **Rückzug und Verfolgung** .... 25—29
Neue Pläne beider Parteien. Vorbereitung einer zweiten Entscheidung.

7. **Die Schlacht bei Bautzen** .... 29—32
Napoleons Schlachtanlage.

8. **Der Waffenstillstand** .... 32—35
Die Verbündeten bei Schweidnitz. Napoleons Waffenstillstands-Anerbieten. Die Demarkationslinie.

II. Abschnitt.
Der Herbstfeldzug 1813.

1. **Die Streitkräfte und ihre Verteilung** .... 36—39
Napoleon. Die Verbündeten. Die Aufgabe der Verbündeten.

2. **Feldzugspläne** .... 39—47
Der Trachenberger und der Reichenberger Operationsplan. Napoleons Absichten. Unterschiede zwischen damals und heute. Napoleons Marschpraxis.

Seite
3. **Der erste Waffengang** . . . . 47— 62
Bedeutung des Angriffs auf Dresden. Kriegsrat vor Dresden. Napoleons Ankunft. Napoleons Verhalten seit Wiederbeginn der Operationen. Strategische Grundlage der Schlacht bei Dresden. Napoleons Sieg am 27. Rückzug der Verbündeten. Die Erfolge von Kulm, bei Großbeeren und an der Katzbach. Bernadotte und Blücher.
4. **Unentschlossenheit auf beiden Seiten** . . . . 62— 68
Dennewitz. Napoleon räumt das rechte Elbe-Ufer. Schwarzenbergs Strategie.
5. **Der Kampf um die Elbe-Linie** . . . . 68— 73
Belagerung von Wittenberg. Blüchers Elbe-Übergang. Napoleon an der Mulde. Schwarzenberg und Murat.
6. **Die Völkerschlacht bei Leipzig** . . . . 74— 82
Napoleon sammelt seine Truppen um Leipzig. Schwarzenbergs Defensiv-Offensive. Eingreifen des Kaisers Alexander. Die Scheu vor Napoleons Massenangriff.
7. **Der Ausgang des Feldzuges** . . . . 82— 84
Erstürmung von Leipzig. Die Verfolgung.
8. **Betrachtungen** . . . . 85— 90
Möglichkeiten der Offensive für Napoleon. Vorteile eines Vorgehens von der Niederelbe her. Die „Ermattungsstrategie".

III. Abschnitt.
Der Feldzug von 1814.

1. **Die Lage Napoleons** . . . . 91— 96
Vorteile einer Beschränkung der Aufgaben. Nutzen einer Befestigung von Paris.
2. **Die Pläne der Verbündeten** . . . . 96— 99
Politische Gegensätze. Das Plateau von Langres als „Schlüsselpunkt".
3. **Widerspruchsvolle Strategie** . . . . 99—106
Der Rheinübergang der Schlesischen Armee. Die Krisis innerhalb der Koalition. Die Schlacht bei la Rothière.
4. **Napoleons Jeu de va et vient** . . . . 106—114
Die Kämpfe in der Gegend von Montmirail. Gefecht bei Montereau. Schwarzenbergs Rückzug. Blücher an der Aisne. Napoleon in Reims. Schlacht bei Bar sur Aube.
5. **Der Ausgang** . . . . 115—117
Napoleons Marsch nach Osten. Schlacht am Montmartre. Einzug in Paris.

IV. Abschnitt.
Der Feldzug von 1815.

1. **Napoleon zum Kriege gezwungen** . . . . 118—122
Napoleons Rückkehr von Elba. Die neue große Koalition. Lauheit der Franzosen.

	Seite
2. **Der Plan zur Völkerwanderung auf Paris**	122—125

Die Kriegsentwürfe der Verbündeten. Die Stärke der Einmarschtruppen.

3. **Die Tage der Entscheidung** . . . . 125—136

Blücher und Wellington. Wellingtons Zusage an Blücher. Quatrebras und Ligny. Blüchers Rückzug nach Nordwesten. Wellingtons Stellung bei Waterloo. Die Schlacht.

4. **Die Ausnützung des Sieges** . . . . 137—140

Die Verfolgung. Rechtsabmarsch Blüchers nach der Südseite von Paris.

5. **Die sonstigen Kriegsereignisse** . . . . 140—143

Kämpfe am Rhein und in den Alpen. Festungskrieg.

Personenverzeichnis . . . . 144—146

I. Abschnitt.
Der Frühjahrsfeldzug 1813.

1. Einleitung.

In dem Namen „Befreiungskriege" liegt bereits deutlich ausgesprochen, von welchem einheitlichen Standpunkte aus die Ereignisse der Jahre 1813—1815 betrachtet werden sollen. Es ist der Standpunkt der Preußen, die nach fast sieben Jahren der Knechtschaft das Joch des Feindes abschüttelten und die mit ihren ewig denkwürdigen Siegen das Beste taten bei der zweimaligen und zuletzt endgültigen Niederwerfung des großen Korsen. Mit ihrer Hingebung an die große Sache und mit ihrer Tapferkeit haben die Preußen zugleich eine Sat gesät, welche wunderbar aufgegangen ist im neuen Deutschen Reiche, und darum ist ihr Standpunkt heute auch der allgemein-deutsche geworden.

Leider konnte es damals noch nicht so sein, als der Sturm losbrach; leider mußte während der schwersten Kämpfe mehr als die Hälfte des deutschen Volkes noch dem Feinde des Vaterlandes dienen, und vom Standpunkt des Rheinbundbeutschen aus gesehen sind die beiden Feldzüge des Jahres 1813 nur die defensive Fortsetzung und der Abschluß des Weltkrieges gegen Rußland vom Jahre 1812.

Für die Österreicher beginnt der letzte große Entscheidungskampf gegen Napoleon ein halbes Jahr später als für die Preußen, und er schließt eigentlich schon mit dem ersten Einzug in Paris. Zum wenigsten sind sie an den entscheidenden Ereignissen von 1815 gar nicht beteiligt.

Auch die Russen kamen im Jahr 1815 nicht mehr zur Wirkung, und die Kämpfe von 1813 und 1814 verbinden sich für sie ganz untrennbar mit der vorangegangenen Entscheidung auf ihren eigenen Gefilden, die in der Riesenhaftigkeit des Vernichtungswerkes ohnegleichen dasteht und daher für sie den wichtigsten Teil des langen Krieges bildet.

Die Engländer endlich, mit denen wir Preußen und Deutsche im Sommer 1815 auf demselben Schlachtfelde in innigster Waffengemeinschaft fochten, sind an den hier zu behandelnden Vorgängen der beiden anderen Jahre wohl mit Geld-, Waffen- und Materialsendungen beteiligt, der Schwerpunkt ihrer kriegerischen Tätigkeit zu jener Zeit liegt aber weitab auf spanischem Boden und an Frankreichs Südgrenze.

Wie bedeutend verändert und erweitert sich nun gar das Bild, sobald wir uns an die Stelle Napoleons versetzen! Für ihn kann selbstverständlich zwischen 1812 und 1813 nur eine kaum merkliche Grenzlinie liegen. Der allmähliche Abfall der Preußen, Österreicher und Rheinbündler raubt wohl dem Kaiser des Westens die Aussicht, den Kaiser des Ostens zur Nachgiebigkeit zu zwingen, und wirft ihn schließlich völlig in die Verteidigung zurück. Aber für seinen weltumfassenden Blick und für seine zähe Stetigkeit in der Verfolgung politischer Ziele wird dadurch das Wesen des Kampfes nicht von Grund aus verändert. Für ihn, der die Streitkräfte von Frankreich und Italien, von halb Deutschland und von Polen unterschiedslos sowohl auf russischem wie auf spanischem Boden zu verwenden vermochte, der die Truppenverschiebung auf innerer Linie in so großartigem Maßstabe betrieb, daß Massentransporte auf Wagen — mit der Post — zu seinen geläufigen Mitteln gehören, für ihn hängen auch die Ereignisse in Ost und West, in Nord und Süd in einer Weise zusammen, daß die kriegerischen Vorgänge eines ganzen Jahrzehnts zu einem einzigen Kriege werden.

Diese höhere Einheit ist der Riesenkampf gegen England. Wir zollen heute nicht mehr einseitig den Engländern unsere Bewunderung für ihre zähe Ausdauer und ihr Zielbewußtsein in diesem Kampfe, wie unsere Vorfahren es getan. Wir fangen an, es zu verstehen, wenn Napoleon versichert, er habe diesen Kampf nicht gesucht und gewollt, er sei dazu gezwungen worden durch England, vor allem durch die ungeheure Gefahr für die Zukunft, die in der englischen Handhabung des Seerechts lag. Wir haben jetzt voll und ganz begriffen, daß vor hundert Jahren nicht nur die zeitweilige Vorherrschaft Frankreichs verhindert wurde, sondern daß zugleich der Grund zu der dauernden gebietenden Weltstellung Englands gelegt worden ist, und wir können daher nicht umhin, dem Gedankengange des Mannes mit Achtung zu begegnen, der seine ungewöhnlichen Machtmittel im Ringen mit England erschöpft hat. Wir können zweifeln, ob ein neuer Alexanderzug nach Indien, den er geplant, wirklich technisch ausführbar gewesen wäre, nachdem die französische Flotte in der Schlacht bei Trafalgar vernichtet worden war; aber wir können den Gedanken nicht mehr als die phantastische Ausgeburt eines ehrgeizigen Hirnes behandeln. Und von der Höhe dieses Napoleonischen Standpunktes wird auch die Hartnäckigkeit begreiflicher, mit der der Kaiser nach den ersten großen Rückschlägen jedem Versuch einer friedlichen Beilegung widerstrebte. Die Aufgabe, deren Bedeutung er so klar erkannt, ist ihm zum Verhängnis geworden; er war nicht der Mann, freiwillig auf ihre Lösung zu verzichten. —

Der hier beabsichtigte strategische Überblick muß sonach mit dem Augenblick beginnen, wo Preußen den Krieg an Frankreich erklärt, mit dem 16. März 1813. Um aber ein ausreichendes Verständnis für die unendlich verwickelten Verhältnisse dieses Zeitpunktes zu gewinnen, ist ein kurzer Rückblick unbedingt geboten.

Als Napoleon im Sommer 1812 mit einer halben Million vortrefflich gerüsteter und gut geschulter Krieger den Zug auf Moskau antrat, da bildeten das verstümmelte Königreich Preußen und das Großherzogtum Warschau seine Basis im engeren Sinne. An der Weichsel waren die freie Stadt und französische Festung Danzig sowie die polnischen Plätze Thorn und Modlin Stützpunkte in seiner Hand und auch Pillau hatte französische Besatzung erhalten. In Graudenz hielten sich die Preußen in strenger Abgeschlossenheit, der außerhalb der Festung liegende Weichselübergang aber stand den Franzosen zur Verfügung. An der Oder waren Stettin, Küstrin und Glogau wertvolle Doppelbrückenköpfe in ihrem Besitz und in der preußischen Hauptstadt sowie der nahen Festung Spandau lag französische Besatzung. Das feste Kolberg in Pommern und die schlesischen Plätze Glatz (mit Silberberg), Neiße und Kosel waren den Preußen allein vorbehalten. Die nicht mobil gewordene Hälfte des preußischen Heeres war in und bei Königsberg, in und bei Kolberg, in Potsdam und zumal im mittleren und südlichen Schlesien untergebracht, welches letztere Gebiet vertragsgemäß von französischem Durchzug befreit war.

„Das wird entweder eine Schlacht ohne Krieg geben oder einen Krieg ohne Schlacht", so hatte Napoleon im Beginn des Jahres 1812 geäußert. Stellte sich der Feind, dessen sofort verfügbare Streitkräfte auf allerhöchstens 200000 Mann zu schätzen waren, in der Nähe der Grenze, dann hätte ein überwältigender Sieg vielleicht den Frieden unmittelbar herbeigeführt. Es war indessen ein Krieg ohne Schlacht geworden. Freilich nicht im strengsten Sinne des Wortes, weil den Russen die volle Bedeutung des immer kampfbereiten Rückzuges ohne wirkliche Waffenentscheidung erst sehr spät zum Bewußtsein kam; doch aber nach dem Gesamtcharakter des Kriegsverlaufs. Denn an den Ausdehnungen des russischen Reiches und an der Willensfestigkeit der

Russen ist der Napoleonische Angriff tatsächlich gescheitert, obgleich er auf den Schlachtfeldern das gewohnte Übergewicht aufs neue bewährt hatte.

Nur so, wie Napoleon die Entscheidung erstrebte, d. h. durch einen vernichtenden Massenschlag von erschütternder Wirkung, war überhaupt auf Erfolg zu hoffen; ein methodisch im Sinne des 18. Jahrhunderts um Positionen und Provinzen geführter Krieg war hier niemals am Platze. Aber für jene allein erfolgverheißende Kriegführung war das Land wieder zu arm und zu öde, es konnte das Riesenheer nicht ernähren, das in ununterbrochenem Zuge der Hauptstadt zustrebte. Über den Schrecken des winterlichen Rückzugs vergißt man in der Regel, daß die Massen des kaiserlichen Heeres schon in den Sommermonaten von Mitte Juni bis Mitte September auf dem Hinmarsch zugrunde gegangen sind. Was hatten alle die großartigen Verpflegungsmaßnahmen helfen können, die vor Beginn des Krieges auf dem heimischen Boden getroffen waren? An ihre ausreichende Wirksamkeit kann der große Kriegsfürst niemals geglaubt haben, so sehr er sich auch den Anschein gab. Die Tatsache, daß man bei rastlosem Vormarsch über Gebiete von mehr als hundert Meilen Tiefe nicht aus rückwärtigen Magazinen leben konnte, die brauchte ihm nicht erst das Jahr 1812 zu beweisen. Er mußte also wissen, welche ungeheuren Menschenopfer er zu bringen im Begriff war. Seine Rechnung ging aber dahin, daß er selber diese Verluste leichter überwinden werde, als Kaiser Alexander die Eindrücke der Niederlage und des Landverlustes. Und diese Rechnung hat sich als trügerisch erwiesen.

In den fünf Wochen, in denen Napoleon im Kreml residierte, geschah gar nichts, als daß Kaiser Alexander die Friedensverhandlungen ablehnte, und damit war die Niederlage Napoleons entschieden. Was von seiner Haupttheeresmasse noch übrig geblieben, war nunmehr dem sicheren Untergang verfallen. Schon stand die durch Zuzug verstärkte und an Zahl überlegene Hauptarmee des Feindes so, daß sie den Rückzug bedrohte, und der Versuch, sie abzuschütteln, schlug fehl. Sie hing sich teils dem Marsch des französischen Heeres an, teils schob sie sich im Parallelmarsch auf Nebenwegen vor, um jeden Halt auf dem Rückzug zu vereiteln. Zugleich zogen russische Nebenheere von Norden und von Süden heran, um Napoleon den Weg zu verlegen.

Es bleibt für alle Zeiten einer der größten Ruhmestitel dieses Feldherrn und seiner Truppen, daß die elenden, halb verhungerten und halb erfrorenen Reste der Großen Armee an der Beresina nicht die Waffen gestreckt haben, daß sie sich mit Gewalt den Durchbruch durch den Ring der Feinde erzwangen. Mit dieser Tat in den letzten

Novembertagen waren dann freilich ihre Leistungen erschöpft. Die letzten vierzig Meilen Weges bis zur polnischen Grenze am Niemen legten die Heerestrümmer fliehend in völliger Auflösung zurück. Von den sechzehn großen Heereskörpern — einschließlich Garde und Kavalleriereserve — sanken dreizehn zu völlig schattenhaften Resten herab — zwischen dreißig- und vierzigtausend kranker, meist unbewaffneter Männer —, denen zunächst jede Widerstandskraft fehlte. Der Kaiser aber eilte voraus, um daheim im eigenen Lande neue Armeen aus der Erde zu stampfen.

Von der Katastrophe verschont geblieben sind die äußersten Flügelkorps im Norden und im Süden. Im Norden war es das zum größten Teil aus Preußen bestehende X. Korps unter Macdonald, das vor der Festung Riga fast wie in Winterquartieren gelegen hatte, im Süden an den Pripetsümpfen das österreichische Hilfskorps unter Schwarzenberg, dem sich das aus Sachsen und Franzosen gemischte VII. Korps — Reynier — angeschlossen hatte. Es waren die einzigen festgeschlossenen taktischen Körper, mit denen die Führung noch zu rechnen vermochte, in runder Ziffer der zehnte Teil jener 612000 Mann, die im Laufe des Feldzugs den russischen Boden betreten hatten.

Wenn sie durch die ungefähr 40000 Mann kriegsfertiger Truppen verstärkt wurden, die um die Jahreswende schon östlich der Elbe standen, wenn gar Preußen bereit war, den Rest seines Heeres zur Verfügung zu stellen, dann durfte Napoleon sehr wohl hoffen, die Linie des Pregel, der ostpreußischen Seen und des Narew zu behaupten, dann war jedenfalls mit Sicherheit zu erwarten, daß die starke Weichsellinie den Russen Halt gebieten werde. Denn mit dem Beginn der rastlosen Verfolgung hatte auch bei den Russen der stetige Zuzug zum Heere wieder aufgehört, und auch sie hatten unter den Anstrengungen furchtbar gelitten. Was jetzt an der Westgrenze eintraf, betrug alles in allem und mit Einschluß zahlreicher Kosaken nur höchstens 150000 Mann, und bei der schlechten Organisation des russischen Heerwesens war in nächster Zeit nur auf geringen Nachschub zu rechnen.

Es ist also kein Zweifel darüber möglich, daß die Kraft des russischen Nachstoßes auf dem ostpreußischen Boden erlahmen mußte, sofern Preußen bei dem französischen Bündnis verharrte. Dann konnte Napoleon in voller Ruhe seine neuen Truppen bilden und üben. Wenn er die schlachterprobten Offiziere und Veteranen, die dem russischen Verhängnis entgangen waren, hierbei verwenden konnte, wenn er die Zeit behielt, auch seinem spanischen Heere einen starken Stamm tüchtiger Männer zu entnehmen, dann konnten die Neubildungen bald verwendbare Truppen werden, und es war vollberechtigt, daß der Kaiser sich mit der Hoffnung trug, im Sommer 1813 abermals am Niemen zu erscheinen.

Da geschah die bedeutungsvolle Tat, die zum Ausgangspunkt der preußischen Erhebung geworden ist: York, der Führer des von Riga zurückkehrenden preußischen Hilfskorps, schloß am 30. Dezember 1812 noch auf russischem Boden, aber dicht an der preußischen Grenze den Vertrag von Tauroggen mit den Russen ab, durch den sein Korps vorläufig neutralisiert und bis auf weitere Bestimmung des Königs in den nördlichsten Grenzbezirken Preußens untergebracht wurde. Es lag kein militärischer Zwang zu diesem Schritt für ihn vor. Die russischen Abteilungen, die zwischen ihm und seinem Vorgesetzten Macdonald standen, waren an Zahl so schwach, daß sie kaum den Melde- und Befehlsverkehr wirksam zu unterbrechen vermochten, und wenn York nur in strengsoldatischem Gehorsam handeln wollte, dann war ihm der Abmarsch zum französischen Heere nicht zu verwehren. Es war eine politische Tat, zu der der starre Vertreter des Altpreußentums, der scharfe Kritiker und ingrimmige Gegner der Reformer und Patrioten von 1808 jetzt schritt, und daß gerade er sie zu tun unternahm, war von hoher Bedeutung. Sein Ruf als Soldat deckte das politische Beginnen.

Murat, der damals den Heerbefehl führte, gab nunmehr sofort Ostpreußen auf. Von den Russen — rechter Flügel unter Wittgenstein — scharf gedrängt, schob er den französischen Rest des X. Korps und eine in Ostpreußen vorgefundene Marschdivision nach Danzig hinein. Die Heerestrümmer blieben zum Teil gleichfalls in den Plätzen an der Weichsel und in Posen, zum andern Teil wurden sie nach der Oder und Elbe und darüber hinaus in Marsch gesetzt. Bei Posen hat dann Murats Nachfolger, der Vizekönig Eugen, in der zweiten Hälfte des Januar aus Schlacken der Großen Armee, aus Ersatzformationen und Besatzungstruppen vier kleine Divisionen gebildet.

Gleichzeitig mit den Franzosen war auch General v. Bülow abmarschiert, der die immobilen preußischen Truppen im Osten der Weichsel befehligte. Er nahm alle irgend erreichbaren Urlauber und Pferde sowie alles verfügbare Material mit, um sein kleines Korps alsbald auf den Kriegsfuß zu setzen und durch Neuformationen zu verstärken. Die Aufforderung der Franzosen zur Teilnahme an der Verteidigung der Weichsellinie lehnte er ab, weil er noch nicht kriegsfertig sei. Und weil er in der Nähe der Weichsel sich wiederholten derartigen Anträgen nur schwer hätte entziehen können, so rückte er bald weiter nach Pommern, wo General v. Borstell in der Gegend von Kolberg zu gleicher Zeit die pommersche Brigade mobil machte und verstärkte.

Bis an die Weichsel waren die Russen in raschem Zuge gelangt, und um die Mitte Januar ging unterhalb Thorn schon eine ihrer Avantgarden über den Strom. Jetzt aber traten die Schwierigkeiten ihrer Aufgabe deutlich zutage. Wollten sie weiter vordringen, so mußte das von mehr als 30000 Mann besetzte Danzig durch einen beträchtlichen Heerteil beobachtet, Thorn eingeschlossen werden. Man mußte damit rechnen, daß aus den Resten des auf Warschau zurückgegangenen polnischen Armeekorps (V.) sehr rasch wieder ein achtunggebietender Heerteil heranwachsen konnte und daß dann Schwarzenberg, Reynier und Poniatowski zusammen eine Heeresmacht bildeten, die nicht leicht zu überwinden war, der man jedenfalls nicht die Flanke darbieten durfte.

Am Schluß des Januar wurde diese Besorgnis gehoben. Schwarzenberg ging für sein österreichisches Korps einen Waffenstillstand mit dem Feinde ein, der als Einleitung seines Rückzugs auf österreichisches Gebiet angesehen werden durfte, und dadurch wurden Reynier und Poniatowski zum Zurückgehen von der Weichsellinie genötigt. Poniatowski wich in den südwestlichsten Teil des Großherzogtums Warschau, hinter die alte Feste Czenstochau, um hier mit wesentlich beschränkten Mitteln an der Wiederherstellung seines Korps zu arbeiten. Reynier wollte über Kalisch und Glogau zurückgehen, wurde aber am 13. Februar von der Avantgarde der russischen Haupt-Armee eingeholt und bei Kalisch entscheidend geschlagen.

In der zweiten Hälfte des Januar hatte König Friedrich Wilhelm sich selbst und seine Gardetruppen aus der gefährlichen Lage herausgezogen, in der sie sich zu Potsdam befanden. Der König hatte das Verhalten Yorcks öffentlich auf das bestimmteste gemißbilligt und sogar einen Erlaß bekannt gegeben, der dessen Absetzung verfügte. So gelang es, das Mißtrauen der Franzosen so weit einzuschläfern, daß dem allmählichen Abmarsch der Truppen aus Brandenburg nach dem neutralen Schlesien und selbst der Mitnahme aller Ersatz- und Besatzungsformationen ein Hindernis nicht in den Weg gelegt wurde. Auch nach der Ankunft des Königs in Schlesien blieb die Stellungnahme Preußens noch eine Zeitlang unentschieden, aber der am 3. Februar ergehende Aufruf zur Bildung von freiwilligen Jägerabteilungen konnte doch zeigen, wohin die Dinge trieben.

Der Vizekönig in Posen hatte jetzt tatsächlich Grund zur Sorge. Von Osten her näherten sich die Russen, deren Kosakenkorps schon seine Verbindungen unterbrachen und selbst die Bewegung ansehnlicher Truppenkörper im Rücken des Heeres erheblich erschwerten. Ihnen folgte auf nahen Abstand Yorck, der damit bereits über die Festsetzungen der Konvention von Tauroggen hinausging. Im Süden, die rechte französische Flanke bedrohend, bildete sich ein starkes preußisches Korps bei Breslau, im Norden hinter der linken Flanke ein solches bei Kolberg.

Welche Gesinnungen aber die Preußen beseelten, darüber legten die Vorgänge in Königsberg ein deutliches Zeugnis ab, wo im ersten Drittel des Februar eine der großartigsten Volksbewaffnungen aller Zeiten, die Aufstellung einer starken, im Feldkriege verwendbaren Landwehr und die Heranziehung aller irgend wehrhaften Männer zum Landsturm von den Provinzialständen beschlossen worden war. Das zeigte auch die flammende Begeisterung, mit der des Königs Aufruf zum freiwilligen Eintritt in das Heer aufgenommen wurde. Eugen hatte zu Anfang Februar bereits die Befehle erlassen, welche die Heranziehung einer in der Mark stehenden starken Division nach Posen bezweckten. Am 12. Februar gab er die Stellung an der Warthe auf und ging auf die Oder zurück.

Nach Napoleons Meinung hätte sich Eugen nunmehr vorwärts dieses Flusses in einem befestigten Lager bei Küstrin aufstellen müssen, um jeden Gegner anzugreifen, der oberhalb oder unterhalb den Fluß zu überschreiten versuchte. Mit den rund 30000 Mann, die er hier sofort zu vereinigen vermochte und deren baldige Verstärkung zu erwarten war, würde er bei solchem Verfahren die Entschlußkraft seiner Gegner zweifellos auf eine schwere Probe gestellt haben. Was die Russen alsbald zu vereinigen vermochten, das reichte schwerlich aus, um im Angriff auf eine befestigte Stellung den Sieg zu erkämpfen. Jeder Versuch des Vorbeigehens aber wäre zunächst für den auf dem rechten Ufer zurückbleibenden Heerteil, in weiterer Folge für den übergegangenen gefährlich geworden.

So konnte das ganze Rheinbundgebiet geschützt und der französischen Sache erhalten werden, und die preußische Hauptstadt blieb ein Pfand in der Hand Napoleons. So wie der Kaiser die preußische Politik beurteilte, war mit der Übersiedelung des Königs nach Breslau die wirkliche Gegnerschaft noch durchaus nicht entschieden, und es war eine sehr berechtigte Strategie, wenn er seine Kenntnis der Personen in Ansatz brachte.

Eugen sah inmitten des preußischen Volkes die hier drohenden Gefahren wesentlich ernster an, vor allem aber hatte er sich zu der Kühnheit einer offensiven Flußverteidigung auf der feindlichen Seite überhaupt nicht aufschwingen können. Er war über die Oder zurückgegangen, um den Russen den Übergang defensiv zu verwehren. Während seine Hauptkräfte oberhalb von Küstrin standen, gingen nun zwei starke Kosakenschwärme unterhalb der Festung, ein dritter aber auch oberhalb und ganz in der Nähe der Franzosen über den Fluß, und am 20. Februar begrüßte Berlin mit Jubel die Befreier. Diese Eroberung war freilich von kurzer Dauer. Trotz mehrerer glänzender Erfolge gegen vereinzelte Bataillone und Kavallerie-Regimenter der Franzosen konnten sich ein paar tausend Reiter natürlich nicht vierzig Meilen vor dem Kern ihres Heeres behaupten, es war schon recht schwierig, ihre vielen Gefangenen glücklich zurückzubringen. Eugen aber gab sofort die Hoffnung auf, die Oderlinie zu behaupten, und zog gegen Ende des Monats sein Heer bei Berlin zusammen.

Nun erfuhr er, daß Wittgenstein sich von Westpreußen aus aufs neue in Marsch gesetzt hatte, daß außer Yorck jetzt auch Bülow die Vorbewegung gegen die Oder mitmachte, daß die russische Hauptarmee unter Kutusow bei Kalisch eintraf und ihre Avantgarde die Richtung auf Glogau einschlug. Da zog er es vor, freiwillig auf die Elblinie zurückzugehen, wo seine Streitkraft im Laufe des März bis auf 60000 Mann im freien Felde anwachsen konnte. Die Russen besetzten darauf die Mark Brandenburg und ihre leichten Truppen eilten alsbald die Elbe hinab, um auch die alte Hansestadt Hamburg aus der französischen Knechtschaft zu befreien.

Bis zur Elbe hatte also, getragen von günstigen Umständen, der russische Nachstoß aus der Verteidigung wirklich gereicht. Jetzt aber war seine Kraft erlahmt. Da nun Österreich entschlossen war, zunächst den Weg der Verhandlungen zu betreten, und da über seine Rüstungen noch ein Zeitraum mehrerer Monate vergehen mußte, so konnte wirksame Hilfe nur von Preußen kommen. Je rascher sich Preußen den Russen anschloß, um so wirksamer mußte sein Eingreifen werden. Das preußische Krümpersystem gewährte die Möglichkeit, das aktive Heer in kürzester Frist durch vorbereitete Neuformationen auf eine mehr als doppelte Höhe zu bringen, und wenn auch die vom Feinde besetzten Festungen sofort einen starken Abgang an Beobachtungs- und Einschließungstruppen bedingten, wenn auch die eigenen Festungen einer ausreichenden Besatzung bedurften, so konnten doch 60000 Mann alsbald im Felde erscheinen.

Mit den etwa 65000 Mann, welche die Russen nach Einschließung mehrerer Festungen und nach Zurücklassung genügend starker Besatzungstruppen in Polen für die Feldoperationen übrig hatten, kam somit ein immerhin stattliches Heer zusammen. Dieses Heer durfte um so mehr auf Erfolg hoffen, als die russischen Truppen von kräftigem Siegesgefühl, die preußischen von glühendem Feindeshaß erfüllt waren, der Gegner aber naturgemäß noch unter dem Eindruck der eben überstandenen Schrecknisse stand. Das verbündete Heer war durch zahlreiche und gute Reiterei zur Ausnutzung eines Sieges ganz besonders geeignet und es durfte beim Vordringen in Norddeutschland überall auf begeisterte Aufnahme durch die Bevölkerung rechnen. Das Königreich Westfalen stand auf morschen Füßen, und in den französisch gewordenen Küstengebieten war die Fremdherrschaft bitter gehaßt; auch in Sachsen regte sich das vaterländische Empfinden. Es war vollberechtigt, auf das Auflodern einer mächtigen Empörung zu hoffen, welche den Franzosenkaiser zwang, seinen neuen Heeresaufmarsch hinter den Rhein zurückzuverlegen. Dann aber wurde es in hohem Grade fraglich, ob Süddeutschland ihm die Treue hielt, ja, es war sehr wohl möglich, daß unter Österreichs Mitwirkung ein Zusammenschluß aller deutschen Staaten zustande kam, ein Bündnis, das den Kriegsschauplatz weit nach Westen verlegte.

Darin konnte nun freilich ängstliche Sorge auch einen Nachteil erblicken. Es liegt in der Natur der strategischen Verteidigung, daß ihre Stärke wächst, sobald sie freiwillig zurückgeht und sich ihren Hilfsquellen nähert. Das allergrößte derartige Beispiel, das der Russen von 1812, war damals frisch und lebendig. Es legte den Gedanken nahe, daß Napoleon am Rhein weit stärker sein werde als im östlichen Deutschland, und die Erfahrungen der Revolutionskriege schienen die Richtigkeit dieses Gedankens vollauf zu beweisen.

So ist es wohl zu verstehen, daß König Friedrich Wilhelm von solchen Anschauungen erfüllt war, daß er dem erhofften Bündnis nicht innere Kraft genug zutraute, um in einen Entscheidungskampf am Rhein einzutreten oder gar in das Innere Frankreichs einzudringen. In einem Aufsatz, den er am 28. Dezember 1812 niederschrieb, ist die Meinung ausgesprochen, daß es am besten sei, wenn Rußland die Weichsel gar nicht überschreite. Dort müsse es den neuen Angriff Napoleons erwarten und vor ihm abermals bis nach Litauen zurückweichen. Preußen müsse bis dahin auf der französischen Seite aushalten, im stillen bereit, die Partei zu wechseln, sobald der rechte Augenblick da sei. Dann erst dürfe das inzwischen verstärkte Hilfskorps zu den Russen übertreten, während die übrige Wehrkraft Preußens bei Kolberg und in Oberschlesien versammelt sei. „Die bei Kolberg stehenden Truppen vereinigen sich mit den Schweden, die in Schlesien befindlichen mit einem österreichischen, hierzu bestimmten Korps" . . . „Der Übergang Napoleons über den Niemen ist das Signal zum allgemeinen Aufbruch für Preußen und Österreich, um die Operation gegen die feindlichen Streitkräfte zu beginnen" . . . „Schlagen muß man und vernichten. Dies aber geschieht zuverlässiger im Norden als am Rhein, bis wohin Rußlands Macht nie mit ganzer Kraft kommen würde und beinahe nicht kommen darf."

In diesen Sätzen zeigt sich der ganze Jammer jener schweren Zeit; aus ihnen spricht nicht nur die Furcht vor dem ungeheuren Übergewicht des mächtigen Mannes, dessen Ketten wir trugen, sondern zugleich auch die geheime Sorge von der Unzuverlässigkeit des Verbündeten, dem man sich nach dem Empfinden des preußischen Volkes jetzt rückhaltlos in die Arme werfen sollte.

Es ist hier nicht der Ort, aus den politischen Vorgängen der Zeitperiode den ausführlichen Nachweis zu liefern, warum diese geheime Sorge nicht unbegründet war. Es muß der Hinweis genügen, daß der Wahrspruch der Geschichte denen recht gegeben hat, welche trotzdem zum Anschluß an Rußland drängten.

Und wie sie darin recht hatten, so hatten sie es auch bei der Forderung raschen und entschlossenen Handelns. Die Erwägung der Gefahren eines Krieges am Rhein mußte vor Abenteuern bewahren, sie durfte aber nicht abhalten, im Augenblick die Früchte zu brechen, die gerade reif waren. Und die vorher erörterten Ziele und Zwecke waren bedeutend genug, um etwas zu wagen.

Wenn Eugen im Herzen Deutschlands entscheidend geschlagen und auf den Rhein zurückgeworfen wurde, ehe Napoleon das neue Heer heranführen konnte, dann war ein erheblicher Aufschub seines neuen Angriffs in hohem Grade wahrscheinlich, und dieser Aufschub war für die in Preußen schon längst geplante Aufstellung eines Landwehrheeres von höchster Bedeutung. Je früher die Bildung der Landwehr begann, um so brauchbarer wurde sie für den späteren Entscheidungskampf. Je früher man die vom Feinde besetzten Festungen eng einschloß, um so weniger Zeit blieb ihnen, sich mit Lebensmitteln aus dem Umkreise zu versehen, um so kürzer war also ihre Widerstandskraft zu bemessen. Je eher man den befreundeten Mächten, zumal England, die volle Entschlossenheit zeigte, um so eher war auf Unterstützung von ihrer Seite durch Waffen, Kriegsmaterial und Geld zu rechnen.

Am 25. Januar war der Sitz der preußischen Regierung nach Breslau verlegt worden. Erst am 23. Februar wurde der Entschluß zum russischen Bündnis wirklich gefaßt und gar erst am 16. März wurde der Krieg erklärt und am Tage darauf die Bildung der Landwehr befohlen. Diese Verspätung um fast sieben Wochen war im Kampf mit Napoleon eine schwere Versäumnis. Sie hat den ganzen Kriegsereignissen im Frühjahr 1813 ihren Stempel aufgedrückt und sie hat die schwere Krisis herbeigeführt, die nach der Schlacht bei Bautzen eintrat. Durch sie ist in weiterer Folge Österreich zum Retter in der Not geworden, dem trotz sehr viel geringerer Gesamtleistung die Führung zufiel. —

2. Der Vizekönig an der Elbe.

Für die Neuschöpfung des französischen Heeres waren größere geschlossene Truppenkörper im Heimatlande gar nicht verfügbar; es gab nur noch einige vereinzelte Regimenter der Infanterie und Kavallerie, die gewissermaßen zufällig nicht im Felde standen. An innerem Wert kamen ihnen am nächsten vier Regimenter Marine-Artillerie, die jetzt als Infanterie verwandt und zu 20 Bataillonen erweitert wurden. Ein weiteres Element von einiger Schulung und Erziehung waren 88 Kohorten (Bataillone) Nationalgarde, die unter früheren Offizieren des Heeres schon während des Jahres 1812 Besatzungsdienst in der Heimat versehen hatten und welche der Senat jetzt durch besonderes Gesetz zur Verwendung im Felde bereit stellte. Bei den Depots der Infanterie oder in heimischen Festungen waren noch zahlreiche schwache Bataillonsstämme vorhanden, die durch Rekruten aufgefüllt werden konnten. Auch Artilleriestämme gab es in genügender Zahl und mit reicherer Ausstattung an Mannschaften. Ein großer Teil der Truppen wurde aber völlig neugebildet. Die Depots aller Waffen füllten sich immer aufs neue mit Rekruten, die durch mehrere Aushebungen nacheinander verfügbar wurden. Die Jahresklasse von 1814 kam ein Jahr früher zur Einstellung, die sechs letzten Altersklassen mußten nachträglich bedeutende Kontingente liefern; auch die Mannschaften, die einen Stellvertreter gestellt hatten, wurden als sogenannte Gardes d'honneur aufs neue wehrpflichtig. Die Post brachte aus weitester Ferne die Offiziere und Unteroffiziere, für die Reiterei und die Garde auch Mannschaften herbei, und so entstanden, da es an Waffen und Material nicht fehlte, Bataillone, Schwadronen und Batterien. Diese Truppenkörper setzten sich in der Regel nach der Einkleidung und Ausrüstung sofort in Marsch, um die Formationsorte der größeren Verbände zu erreichen. Ihre Ausbildung erfolgte an den Nachmittagen in den Marschquartieren und an den Ruhetagen, sie konnte somit nur eine recht mangelhafte sein.

Wir sind heutzutage aber allzusehr geneigt, uns in dieser Beziehung das Urteil durch die geringen taktischen Leistungen der Gambettaschen Heere bestimmen zu lassen, und darum sei hier auf zweierlei hingewiesen, was zugunsten jener Napoleonischen Neuschöpfungen spricht. Da ist einmal der echt kriegerische Geist der als Vorgesetzte verwendeten Veteranen, ein Geist gelassener Unerschrockenheit in jeder Gefahr, der allmählich erwachsen war in zwanzig Jahren des Sieges und in zahlreichen ungewöhnlichen, wunderbar glänzenden Erfolgen; dann aber der Umstand, daß die damalige Taktik wenigstens bei der Hauptwaffe eine außerordentlich einfache war, daß der Franzose für die Schützentätigkeit ein angeborenes Geschick besitzt und daß zum Sturm in der Kolonne selbst eine geringe Schulung ausreicht.

Nach Napoleons Anordnungen sollten sich zehn französische Infanterie-Divisionen in Magdeburg, Erfurt, Osnabrück und Wesel, mehrere Kavallerie-Divisionen in Hannover und Braunschweig bilden; für acht andere französische Infanterie-Divisionen waren Frankfurt a. M. und Mainz, für den Rest der Kavallerie Metz als Sammelpunkt angegeben. Vier französische bzw. italienische Divisionen sollten von Verona her den oberen Main erreichen, wo auch die Württemberger und Bayern ihren natürlichen Vereinigungspunkt mit den vom Rhein her kommenden Heerteilen fanden.

Die Aufgabe des Vizekönigs ging sonach dahin, mit seinem Heere sowohl Norddeutschland wie Süddeutschland zu decken. Er glaubte sie zunächst am besten dadurch zu lösen, daß er seine Hauptkräfte zwischen der österreichischen Grenze und Magdeburg aufstellte, wo sie die wahrscheinlichste Vormarschrichtung des Feindes sperrten.

Aber freilich gab Eugen damit die Niederelbe dem Feinde preis. Der Kaiser verwarf daher diese Aufstellung mit großer Entschiedenheit und verlangte ein verschanztes Lager vorwärts von Magdeburg auf dem rechten Ufer der Elbe. Hier, in dem nach Osten hin offenen Flußbogen, wo der Strom selbst die Flanken der Aufstellung deckte, wo zugleich die Mittel des großen Waffenplatzes die Herstellung und Ausstattung der Verschanzungen erleichterten, hier bedrohte man jedes feindliche Vorgehen sowohl im Süden wie im Norden, und damit allein war das Hinterland wirksam zu schützen.

Eugen mußte der Weisung folgen; er tat es aber ohne wirklichen eigenen Glauben an die Wirksamkeit der Maßregel und in ungenügender Weise, hielt es auch zunächst nur einige Tage lang in der für gefährlich erachteten Lage aus. Auf des Kaisers wiederholte Anregung erfolgte später ein zweiter Versuch, auf den noch zurückzukommen ist. Gegen Ende des März stand Eugen versammelt auf dem linken Ufer, mit den Hauptkräften hinter Magdeburg, nach Norden und Süden durch stärkere Entsendungen gesichert. Er verfügte hier über eine von ihm selbst gebildete Garde-Division, über je eine neuformierte Division des I. und II. Armeekorps, über das neue V. und über das XI. Armeekorps, welches letztere aus den an der Oder vorgefundenen älteren Truppen bestand. Dazu kamen die in Deutschland aufgestellten Teile des 1. und 2. Kavalleriekorps, deren Stärke freilich vorerst noch immer eine äußerst geringe war.

Am oberen Lauf der Elbe war die Festung Wittenberg von französischen Truppen besetzt. In Torgau standen die Reste der sächsischen Armee, in der Wiederherstellung und Neubildung begriffen. Der sie befehligende General v. Thielmann nahm in dieser Zeit zwar Weisungen von französischer Seite nicht an, Eugen durfte indessen darauf rechnen, daß er auch keinerlei fremde Truppen in die Festung hineinlassen werde. Die sächsische Kavallerie war im westlichen Teil des Königreichs versammelt, um demnächst ihren König nach dem neutralen Österreich zu geleiten. In Dresden war vorübergehend die französische Division des VII. Armeekorps und der Rest des früheren bayrischen Korps verblieben, um so lange wie möglich die Stadt vor feindlichen Streifkorps zu schützen. Am 26. März setzten sie ihren Rückzug weiter fort.

Inzwischen war die Niederelbe wirklich verloren gegangen. Die französische Besatzung in Hamburg hatte sich der erregten Bevölkerung gegenüber nicht sicher gefühlt und war um die Mitte des März auf Bremen zurückgewichen. Eine schwache Division unter General Morand, die in Schwedisch-Pommern gestanden hatte und jetzt auf Hamburg abzog, wurde noch außerhalb der Stadt von dem Kosakenführer Tettenborn erreicht und gleichfalls zum Abzug über die Elbe gezwungen. Dann zog Tettenborn in Hamburg ein (18. März). Hier wie in Lübeck wurde die Verbindung mit dem französischen Kaiserreiche offen gelöst, der Seeverkehr mit England wieder aufgenommen und mit der Bildung von hanseatischen Truppen der Anfang gemacht. Auch die Herzöge von Mecklenburg sagten sich vom Rheinbunde los und ließen ihre verfügbaren Truppenabteilungen zu den Russen stoßen.

So gewannen die kühnen Parteiführer der Russen hier eine einigermaßen sichere Basis, von der aus sie immer weiter in das Gebiet auf dem linken Elbe-Ufer streiften. Wo sie hier hinkamen, loderte der Aufstand empor; Landsturmabteilungen traten zusammen und leisteten den Franzosen bewaffneten Widerstand; Freiwillige in großer Zahl wurden unter dem Schutz der Russen zu einer hannöverschen Legion in englischem Solde vereinigt.

Als General Morand wieder vorrückte und Lüneburg besetzt hielt, wurde er dort — am 2. April — von Dörnberg, Tschernitschew und Benckendorf gemeinsam angegriffen und völlig aufgerieben, der weitaus größte Teil seiner Truppen gefangen abgeführt. Der Eindruck dieses Ereignisses war um so bedeutender, als die Sieger nur über ein paar hundert Mann Infanterie verfügt hatten. Sobald freilich von Magdeburg her ein französischer Heerteil heranrückte, wichen die Parteigänger über die Elbe aus. Sie kehrten aber sofort wieder, sobald es die Umstände erlaubten.

So sah sich Eugen genötigt, nach und nach immer mehr Truppen in das aufständische Gebiet zu senden, gegen das sich vom Rhein her gleichzeitig der General Vandamme mit zuerst einer, dann zwei neugebildeten Divisionen in Marsch setzte. Nur durch das Aufgebot bedeutender Kräfte und durch drakonische Strenge war es möglich, die weitere Verbreitung des Aufstandes zu hindern.

3. Das Vorrücken der Verbündeten bis Leipzig.

In den ersten Tagen des März hatten im russischen Hauptquartier zu Kalisch die grundlegenden Beratungen über die gemeinsamen Operationen der Verbündeten stattgefunden. Von den preußischen Heerteilen wurden diejenigen unter York, Bülow und Borstell dem Grafen Wittgenstein mit unterstellt, während anderseits die bisherige Avantgarde der russischen Haupt-Armee unter Winzingerode an die Befehle Blüchers gewiesen ward, der die preußischen Truppen in Schlesien kommandierte. Kutusow hatte die Oberleitung und zugleich den unmittelbaren Befehl über die sogenannte Haupt-Armee der Russen, die aus nur zwei Armeekorps bestand.

Wittgenstein, der ohne die Parteigänger an der Niederelbe jetzt etwa 44000 Mann zählte, hatte über Berlin gegen die Elbe vorzugehen, Blücher mit ungefähr 40000 Mann durch die Lausitz auf Dresden. Die Haupt-Armee, etwa 33000 Mann, hatte in der Mitte so zu folgen, daß sie sich je nach Umständen mit der einen oder der andern Armeeabteilung der vorderen Linie vereinigen könne. Über die Operationen jenseits der Elbe war die weitere Entschließung noch vorbehalten und nur den beiden Führern übereinstimmendes Handeln empfohlen. Immerhin wurde für den Fall eines überraschenden feindlichen Angriffs Blücher auf frontalen Widerstand, Wittgenstein auf Angriff in des Feindes linke Flanke verwiesen.

Diese Abmachung war einfach und den Umständen angemessen. Die Länge der Elblinie und die Stärke der Festung Magdeburg machten es untunlich, die vorhandenen Kräfte zu teilen und zu beiden Seiten von Magdeburg vorzugehen. Sobald man sich aber für eine der beiden Richtungen zu entscheiden hatte, trat die südlichere gleich in den Vordergrund. Sie drückte unmittelbar auf die wichtigsten Verbindungen des Feindes nach dem Rheine und führte voraussichtlich bald zu der ersehnten Schlacht. Sie ging durch Sachsen und gewährte die Hoffnung, diesen Staat auf die eigene Seite hinüberzuziehen. Sie war außerdem die weniger gefährliche für den Fall, daß Napoleon die Operation von 1806, das Vorbrechen vom oberen Main her, zu wiederholen gedachte. Daß die Aufgaben jenseits der Unterelbe im wesentlichen den Parteigängern Wittgensteins, also etwa 5000 Reitern, überlassen blieben, war freilich ein Nachteil. Er mußte aber hingenommen werden, weil es an Kräften gebrach.

Die einstweilige Unterlassung jeder näheren Angabe über das Verhalten am linken Elbe=Ufer wäre an sich sehr zu loben gewesen. Wenn der Oberfeldherr mit dem zurückgehaltenen Zentrum nur wirklich folgte, so blieb dazu immer noch Zeit genug.

Aber als die Vereinbarungen getroffen wurden, hatte der Oberfeldherr eine kräftige Fortführung des Angriffs gar nicht im Sinne. Kutusow war körperlich in hohem Grade gebrechlich geworden und zugleich niedergedrückt von der Größe der ihm zugefallenen Aufgabe. Er vertrat die politische Anschauung, daß die offensive Fortführung des Krieges durchaus nicht im russischen Interesse liege, und betonte vorläufig jeden zulässigen Grund, um den Beginn der Operationen zu verzögern. Dahin gehörte die Erholung der Truppen von den überstandenen Anstrengungen, das Abwarten nachrückender Verstärkungen, die Unsicherheit der Verhältnisse in Polen, wo Poniatowski drohend zur Seite stand und jederzeit eine Volksbewegung anzufachen vermochte, endlich das lange Zögern Preußens, das die Lauterkeit seiner Gesinnung verdächtig machen konnte.

Kaiser Alexander nahm auf den erfolgreichen Feldherrn mehr Rücksicht, als seine eigenen politischen Absichten rechtfertigen. Jedenfalls ließ er es geschehen, daß die eine Hälfte der russischen Haupt=Armee ganz untätig bei Kalisch stehen blieb und daß die Bewegung der anderen Hälfte bereits vor Glogau angehalten wurde. Erst am 7. April setzte sich Kutusow endlich in Marsch. Blücher, der am 17. März — unmittelbar nach der Kriegserklärung — von Breslau aus angetreten war, blieb somit drei Wochen lang ohne Unterstützung von rückwärts her und auch seine opferwillige Unterordnung unter den jüngeren Wittgenstein konnte den Mangel an physischer Kraft nicht ausgleichen, den das Zögern Kutusows zur Folge hatte.

Es war anfänglich beabsichtigt gewesen, daß Wittgenstein von Berlin aus mit seinen Hauptkräften links abmarschieren solle, um sich mit Blücher schon auf dem rechten Elbe=Ufer zu vereinigen. Dieser Linksabmarsch unterblieb aus doppeltem Grunde; einmal, weil das erste Vorgehen Eugens aus Magdeburg in der Tat sofort die Sorge vor einer französischen Offensive erwecken mußte, die Napoleon davon erwartete; ferner, weil die Oberelbe seit dem 26. März nicht mehr vom Feinde verteidigt wurde. Als Eugen das rechte Elbe=Ufer wieder aufgegeben hatte, schlug Wittgenstein die allgemeine Richtung auf Wittenberg ein und schob eine starke Seitendeckung gegen Magdeburg vor.

Er war im Begriff, bei Roßlau unterhalb Wittenberg über den Fluß zu gehen, als Eugens zweites Auftreten auf dem rechten Ufer gemeldet wurde. Wittgenstein entschloß sich sofort zum Angriff, traf seine Anordnungen aber nicht gerade mit Geschick und Verständnis. Als es am 5. April etwa einen Tagemarsch östlich von Magdeburg, in der Gegend von Möckern, zu mehreren Gefechten kam, stand Wittgenstein mit etwa 23000 Mann einer mehr als doppelten Übermacht gegenüber, und es war ein Glück, daß den Franzosen gleichfalls ein wirklicher Führer fehlte. So entschied die überlegene Tüchtigkeit der Verbündeten, zumal die Kampflust der Preußen. Eugen erlitt so schwere Verluste, daß er sofort und in Eile endgültig in den Schutz seiner Festung zurückging.

Wittgenstein stellte sich nunmehr zu beiden Seiten der Elbe auf, um je nach Umständen hier oder dort schlagen zu können, und er säumte nicht, seinen Schwerpunkt auf das linke Ufer zu verlegen, sobald eine eintreffende Verstärkung ihm die Sorge für die Deckung Berlins einigermaßen abnahm. Am Schluß der ersten Aprilwoche war Blücher mit seinen russischen Truppen in der Gegend von Leipzig, mit den preußischen in der Gegend von Chemnitz eingetroffen und Wittgenstein schmiedete nunmehr weitere Pläne. Er wünschte den zwischen Magdeburg und dem Harz stehenden Vizekönig mit seinen eigenen und Blüchers Streitkräften auf dem südwestlichen Flügel anzugreifen und sich so zwischen ihn und Napoleons Haupt-Armee einzuschieben.

Das anfängliche Gelingen einer solchen Operation war sehr wohl denkbar; es bleibt aber fraglich, ob ihre Durchführung wirklich die Vorteile bot, die Wittgenstein von ihr erhoffte. Wenn Eugen auf Magdeburg auswich, so war er unter den Kanonen der Festung und äußerstenfalls auf dem rechten Elbe-Ufer vor jeder Verfolgung sicher und konnte sofort wieder im freien Felde erscheinen, sobald Napoleon heranrückte. Viel eher konnte ein Angriff auf Eugen von Erfolg sein, wenn es gelang, ihn von der Festung abzudrängen und in der Richtung auf die Weser zurückzuwerfen. Immer aber mußte man sich sagen, daß es in hohem Grade gefährlich war, dem Kaiser Napoleon die Flanke und den Rücken zu bieten. Es hätte also jedenfalls mit äußerster Entschlossenheit und Schnelligkeit gehandelt werden müssen, damit man mit einer solchen Unternehmung nach der Seite hin völlig fertig war, ehe er die Offensive ergriff. Wäre die Haupt-Armee der Russen jetzt zur Stelle gewesen, so konnte die Frage auftauchen, ob sich der wenig unternehmungslustige Vizekönig vielleicht durch geringe Kräfte beschäftigen ließ, während die Hauptmassen der Verbündeten — unter Beibehaltung ihrer jetzigen natürlichen Front — weiter nach Westen rückten, um in Thüringen auf die vordersten Heerteile des Feindes zu fallen, die vom Main her im Anmarsch waren. Nun war die Haupt-Armee aber nicht nur nicht zur Stelle, sondern die Oberleitung hatte auch noch die Forderung gestellt, daß die große Straße von Hof nach Dresden von stärkeren Kräften festgehalten werde, und so mußten alle derartigen Pläne müßige Gedankenspiele bleiben.

In Erwartung der Haupt-Armee wurde die Frage erörtert, was nach ihrem Eintreffen zu tun sei. Scharnhorst, der Stabschef Blüchers, war in erster Linie für eine Hauptschlacht gegen Napoleon in den Ebenen von Leipzig. Er berechnete des Gegners Stärke lange nicht so hoch, wie sie tatsächlich war, und glaubte von der starken Kavallerie der Verbündeten eine Ausgleichung des etwa noch bestehenden Mißverhältnisses erwarten zu dürfen. Er hielt es aber auch nach der politischen Lage für durchaus geboten, die Schlacht zu wagen, um durch die Entschiedenheit des Auftretens auf die anderen Staaten zu wirken.

Der Gedanke einer Schlacht bei Leipzig bedingte nun freilich das Abwarten des Gegners und überließ ihm die Wahl des Zeitpunktes. Es mußte auch der Zweifel erwachsen, ob Kutusow jemals wieder die Kraft zu so kühnem Handeln finden werde. Daher schlug Scharnhorst in zweiter Linie vor, daß die Haupt-Armee defensiv an der Elbe verbleiben, Wittgenstein und Blücher aber ohne jeden Zeitverlust vereint gegen Eugen vorgehen, ihn schlagen und verfolgen und demnächst nördlich um den Harz herum marschieren sollten, um sich von dort aus gegen die linke Flanke der Napoleonischen Haupt-Armee zu wenden. Man glaubte um diese Zeit auch auf den Beitritt Dänemarks zur Koalition zählen zu dürfen, so daß die Basierung auf die Niederelbe zulässig schien. Man hoffte ferner auf ein starkes Anwachsen der norddeutschen Aufstandsbewegung, sobald erhebliche Kräfte die mittlere Weser erreichten.

Aber bei alledem kann der Scharnhorstsche Plan vor einer ernsten Kritik in keiner Weise bestehen, denn er rechnet nicht mit Napoleons Entschlußkraft und Tätigkeit. So wie wir die Verhältnisse heute übersehen, kann kein Zweifel darüber sein, daß Napoleon sicherlich nicht gezögert hätte, dem Wittgenstein-Blücherschen Heer in den Rücken zu gehen und daß der Feldzug in Niedersachsen dann mit einer Katastrophe der Verbündeten endete. Es ist daher durchaus berechtigt, wenn der Vorschlag als ein Ausfluß der Verzweiflung über die Unfähigkeit der russischen Oberleitung erklärt worden ist, als ein Versuch, durch äußerste Kühnheit des Gedankens jene mattherzige Vorsicht wenigstens in mittlere Bahnen zu leiten.*) Die Probe auf die Richtigkeit dieser Rechnung ist nicht mehr gemacht worden, denn in denselben Tagen starb Kutusow an völliger Entkräftung. Der Oberbefehl wurde nunmehr an Wittgenstein übertragen, und damit war die Schlacht völlig gesichert. Gegen Ende des Monats April kam die russische Haupt-Armee endlich heran und mit ihr standen in der Gegend von Leipzig und Altenburg nunmehr 97000 Mann Russen und Preußen zum Kampfe bereit.

Während die größeren Operationen geruht hatten, ist es an der Saale zu verschiedenen kleineren Aufklärungskämpfen gekommen, und die Parteigänger des Blücherschen Heerteils, russische und preußische, sind in Thüringen mit großem Erfolge tätig gewesen, Aufregung und Unsicherheit in den Reihen der Feinde zu verbreiten. Im Rücken des verbündeten Heeres wurde ein Sturmversuch auf Wittenberg gemacht, der aber mißglückte. Dagegen sind Spandau und Thorn noch im April dem Angriff erlegen.

4. Der Anmarsch Napoleons.

Bei der ersten Erörterung des bevorstehenden Feldzuges — am 11. März — ging Napoleon von der Tatsache aus, daß in Danzig ein immerhin bedeutender Bruchteil des alten Heeres eingeschlossen war, dessen Stärke das Bedürfnis der Festung weit überstieg und durch die Zahl der Esser die Dauer ihres Widerstandes gefährdete, dessen innerer Wert aber von höchster Bedeutung für das neue Rekrutenheer zu werden vermochte. Das X. Armeekorps in Danzig zu befreien, war daher ein wichtiges strategisches Ziel, und falls die Festung ernstlich belagert wurde, war Eile geboten.

Eugen war in diesem Augenblick gerade auf die Elbe zurückgegangen und sollte nach des Kaisers Wunsch die Stellung vorwärts Magdeburg nehmen. Nun gedachte Napoleon die Heeresmassen vom Main nach der Elbe unterhalb Magdeburg zu führen und sie von hier, mit Eugen vereint, über die untere Oder durch Pommern vorgehen zu lassen. Magdeburg, Spandau, Küstrin und der Lauf der Warthe und Netze hätten dabei die rechte Flanke tunlichst gedeckt. Zwischen den französischen Plätzen Stettin und Küstrin konnte der Feind eine

---
*) v. der Osten-Sacken und v. Rhein, Militärisch-politische Geschichte des Befreiungskrieges im Jahre 1813, IIa 180.

frontale Verteidigung der Oder kaum versuchen. Ein schwedisches Korps auf Rügen, ein preußisches im Lager von Kolberg konnten wohl lästig werden, aber die Bewegung nicht ernstlich hindern. Und wenn der Gegner mit seinen Hauptkräften hinter die Weichsel zurückwich, so war sofort auch die Hälfte des Großherzogtums Polen wieder befreit. Sofern also Österreich nicht etwa die Reihen der Feinde verstärkte und diese zu einem machtvollen Angriff aus südlicher Richtung befähigte, war eine glückliche Feldzugseröffnung auf diesem Wege wohl zu erreichen.

Aber auch nicht mehr! Der Fehler dieses Planes lag darin, daß er von dem allgemeinen Grundgedanken fast aller sonstigen Napoleonischen Feldzugspläne merklich abwich, daß er nicht unmittelbar nach der Schlachtentscheidung strebte, sondern ein anderes Ziel an deren Stelle setzte. Am 11. März hat der Kaiser an Preußens unmittelbar bevorstehendem Abfall sicher nicht mehr gezweifelt. Was er in seiner damaligen Lage bringend brauchte, das war ein entscheidender Sieg über das russisch-preußische Heer. Dessen Hauptkräfte standen aber nicht auf dem Wege nach Danzig, sondern bei Kalisch und Breslau, und sie wurden von Napoleon in Sachsen erwartet. Von diesem ersten Plan ist der Kaiser daher auch sofort abgegangen, als das weitere Vorrücken der Verbündeten die Lage erhellte.

Mit drängender Eile und früher, als er es ursprünglich gewollt, setzte er die kaum fertigen, ja eigentlich durchaus unfertigen Heerteile vom Main dahin in Bewegung, wo sich die Gegner befanden. „Das erste Ziel meiner Operationen ist, den Feind auf das rechte Ufer der Saale, der Mulde und selbst der Elbe zu werfen", so erklärt er jetzt seine Absicht. Kam ihm der Feind über die Saale entgegen, so wirkte Eugens Aufstellung bei Magdeburg als Flankenstellung, schwächte den Feind und mußte dem Kaiser den Entscheidungskampf in Thüringen erleichtern. Blieb der Feind jenseits der Saale, so sollte der Fluß dem französischen Heere als Schleier für seinen strategischen Aufmarsch dienen. In diesem Sinne schrieb er an Eugen: „Sie wissen, daß es mein Grundsatz ist, in Masse zu debouchieren." Hinter dem von Vortruppen zu besetzenden Abschnitt der Saale sollte sich das Gesamtheer von Norden, Westen und Süden her zusammenschließen, um dann in überwältigender Masse vorzubrechen. Leipzig war als erster Zielpunkt gewählt, weil Napoleon wußte, daß erhebliche Kräfte des Feindes südlich dieses Punktes standen, und weil er die Absicht hegte, diese Kräfte womöglich gegen die österreichische Grenze zu drängen.

Zu der Bewegung vom unteren Main nach der Saale wurde vor allem die Straße über Eisenach benutzt, durch welchen Ort längere

Zeit hinburch täglich etwa eine Brigade durchmarschierte. Andere Truppen gingen von der fränkischen Saale aus über den Thüringer Wald hinüber und reihten sich in der Gegend von Erfurt in die Hauptkolonne ein. An der Spitze befand sich hier das besonders starke III. Armeekorps unter Ney (4 französische, 1 Rheinbunds=Division). Dann folgte die Garde (z. B. nur eine Infanterie= und eine Kavallerie= Division, mit starker Artillerie) und den Schluß machte das VI. Armee= korps unter Marmont. Das von Italien her in 8—10 Tagesstaffeln ankommende IV. Korps Bertrand marschierte über Koburg auf Saal= feld, also östlich am eigentlichen Thüringer Wald vorbei. In der Höhe des Mains wurde eine Division Württemberger mit diesem Korps vereinigt. Dagegen mußte es seine beiden letzten Divisionen an das neuzubildende XII. Armeekorps Oudinot abtreten, dem auch eine am Fichtelgebirge stehende neue bayrische Division zugeteilt wurde.

Die gesamte Heeresmasse, die Napoleon in Richtung auf Leipzig zu vereinigen gedachte, belief sich auf mehr als 180000 Mann. Es war eine doppelte Übermacht selbst dann, wenn des Gegners ganze Haupt= armee schon den Anschluß an die vorderen Heeresteile erreicht hatte. Als Napoleon am 25. April in Erfurt eintraf, erfuhr er, daß diese letzte Staffel des Feindes erst eben die Elbe erreicht hatte. So sehr seine Absicht raschen Handelns dadurch verstärkt wurde, sah er sich doch zunächst zu einem Aufschub gezwungen, weil die Brotversorgung völlig im argen lag. Dadurch wurde den Verbündeten die Zeit gewährt, deren sie zur Versammlung ihrer Kräfte bringend bedurften.

5. Die Schlacht bei Großgörschen.

Die Parteigänger der Verbündeten waren zwar mitunter nicht vorwurfsfrei im Aufklärungsdienste, im April 1813 aber hatten sie über den Anmarsch des französischen Heeres recht gut gemeldet, so daß die Grundzüge der Bewegung nicht zu verkennen waren. Man wußte, daß die Hauptmassen in tiefer Kolonne der Straße Naumburg—Weißen= fels—Leipzig folgten, sowie daß der rechte Flügel am oberen Main nicht die geradeste Richtung nach Sachsen einschlug, sondern die un= mittelbare Vereinigung mit dem Heereszentrum an der mittleren Saale erstrebte. Man konnte auch nicht daran zweifeln, daß der Vizekönig zur Schlacht mitwirken werde, da seine seitliche Verschiebung in süd= licher Richtung sicher festgestellt war.

Die wirksamste Art der Gegenwehr hätte daher wohl darin bestanden, daß man Eugen gegenüber den Saale-Abschnitt mit geringeren Kräften festhielt und zugleich die eigene Hauptmacht in Richtung auf Weißenfels gegen die Spitze von Napoleons großer Kolonne vorführte. Die überlegene Reiterei bot die Möglichkeit, mit solchem Angriff zuerst zu überraschen und dann die erzielten Erfolge sofort gründlich auszunützen. Die Aufgabe einer Avantgarde, die von entwickelter Übermacht angegriffen wird, ist immer sehr schwierig, ganz besonders aber, wenn der Angreifer stark an Reiterei ist. Napoleon ließ schon unter gewöhnlichen Verhältnissen seine Infanterie und Kavallerie in der Nähe des Feindes immer in Massenformationen — bien serré et en masse — auf Kolonnenwegen marschieren, während die Straßen für die Artillerie und die Bagage verfügbar blieben. Jetzt gab er seinem Tetenkorps unter Ney eine ganz besondere Anweisung. Sobald man durch Weißenfels hindurch bzw. daran vorbei war, sollten die fünf hintereinander befindlichen Divisionen des Korps sich in fünf Treffen formieren, von denen jedes aus 5—6 Kolonnen zu bestehen hätte und eine breite Front einnehmen müsse. Da die Divisionen mindestens 10 und höchstens 16 Bataillone stark waren, so wurde alsdann jede Kolonne aus mehreren Bataillonen gebildet, was die rasche Herstellung großer Karrees erleichterte.

Diese Vorsicht hätte die Aufgabe der Verbündeten aber kaum ernstlich erschwert. Es kam nur darauf an, mit entwickelter Überlegenheit auf die vorderste Staffel zu fallen. Ein Sieg über die Teten-Division mußte deren aufgelöste Massen auf die nächste Division zurückwerfen, und das seitliche Herausziehen der nachfolgenden Staffeln wäre im Geschützfeuer der Verbündeten und bedroht von deren Reitergeschwadern jedenfalls mit großen Schwierigkeiten verknüpft gewesen. War aber erst das Tetenkorps geworfen, so lag für die Franzosen die Gefahr vor, daß sich die Verwirrung auf den nächsten Verband fortpflanzte, der in der großen, viele Meilen tiefen Kolonne des Gesamtheeres folgte.

Eine derartige Schlachtanlage wurde nun schon dadurch unmöglich, daß die Verbündeten auf die Behauptung der Saale nicht das Gewicht legten, wie es hierbei gefordert werden muß. Sie hielten zwar Halle gegen einen ersten Angriff, gaben es dann aber auf, um es einige Tage später wiederzunehmen, und aus Merseburg wurden sie gewaltsam verdrängt (29. April), ehe sie selbst zu einem Angriff in Richtung auf Weißenfels bereit waren. Von da ab mußten sie damit rechnen, daß Napoleon und Eugen auf einem Schlachtfeld zusammenwirkten.

Vielleicht hätte man nunmehr zwischen Merseburg und Leipzig

dem Vizekönig eine verschanzte Front entgegenstellen können,*) um Napoleon anzugreifen, wenn er seine vordersten Heeressäulen über den tief eingeschnittenen Floßgraben vorführte, der östlich von Lützen die Leipziger Straße durchschneidet. Oder man konnte sich östlich von Leipzig aufstellen, um den Angriff auf die Kolonnenspitzen des Feindes zu richten, sobald er den Elster-Abschnitt überschritt — wie es Wittgenstein geplant hatte und auch Scharnhorst es für zweckmäßig hielt.

Aber im Rate der Verbündeten hatte nach verschiedenen Schwankungen ein durchaus anderer Gedanke gesiegt, nämlich der, dem anmarschierenden Feind in die rechte Flanke zu stoßen. Es war dabei zunächst der strategische Gesichtspunkt maßgebend, den Feind in siegreicher Schlacht von seiner Verbindung abzudrängen. Man wird das in Anbetracht des beiderseitigen Stärkeverhältnisses als eine recht sanguinische Hoffnung bezeichnen können. Dann aber glaubten die Verbündeten durch den Flankenangriff unmittelbar taktische Vorteile zu erlangen, und das war eine entschiedene Unklarheit. Wer einer Marschkolonne in die Seite stößt, zwingt sie freilich zum Halten und zur Annahme des Kampfes. Aber mit diesem Durchsetzen des eigenen Willens sind die Vorteile auch erschöpft. Es gibt keine einfachere und leichtere Entwicklung als die nach der Flanke einer Marschkolonne, weil diese Flanke die eigentliche Front ist, und eine starke Heereskolonne von mehr als gewöhnlicher Tiefe kann sich im allgemeinen nichts Besseres wünschen, als daß ihr der Gegner im rechten Winkel auf die Mitte ihrer ganzen Länge vorgeht. Dann schwenken die Teile gleichzeitig nach der Seite ab, und die umfassende Kampfform ist ohne weiteres gegeben. Wenn man die Schlacht vom 2. Mai auf eine möglichst einfache Formel zurückführt, so entspricht sie genau diesem Bilde.

Eine schwache Avantgarde der Verbündeten (Kleist) stellt sich vor Leipzig dem feindlichen Anmarsch entgegen und weicht fechtend vor ihm zurück. Die Hauptmassen aber gehen einen kleinen Tagemarsch oberhalb Leipzig über die Elster hinüber und in nordwestlicher Richtung gegen die Flanke des feindlichen Heeres vor. Da Napoleon bei seiner dürftigen Ausstattung mit Kavallerie das Tun seiner Gegner nur sehr schwer erkennt, hat er die Hauptkolonne heute noch nicht antreten lassen und sich eben zu Eugen begeben, der in Richtung auf Leipzig an die Spitze gelangt ist. Der russisch-preußische Stoß trifft das Neysche Korps noch in den Biwaks südlich von Lützen, wo es die Nacht verbracht hat. Das Korps setzt sich zur Wehre, und vier Dörfer, die dort

---

*) Genau halbwegs zwischen beiden Städten bietet eine Gruppe von Dörfern zu beiden Seiten der Straße hierzu vortreffliche Gelegenheit.

ein verschobenes Viereck mit einer Seitenlänge von einem Kilometer bilden, erleichtern den Widerstand. Napoleon gibt Eugens Hauptkräften, die fast bis Leipzig gelangt sind, in scharfer Drehung die Richtung nach Südwesten und setzt sie östlich von Ney gegen die rechte Flanke der Verbündeten ein. Aus der Tiefe der Hauptkolonne rückt zuerst Marmont, später auch Bertrand gegen deren linke Flanke an.

So kommt die Überlegenheit des Kaisers in doppelter Umfassung zur Geltung. Und wie weiß der vielerfahrene Feldherr jede Gunst des Augenblicks zu verwerten, jeden Fehler des Feindes auszunützen! Wohl tun die preußischen Bataillone, auf denen die Hauptlast des Kampfes liegt, in immer wiederholten Angriffen wahre Wunder der Tapferkeit. All ihre Hingebung vermag das Schicksal des Tages nicht zu wenden, und zumal eine große Batterie Napoleons zertrümmert ihre Reihen. Die russische Schlachtleitung ist ihrer Aufgabe nicht gewachsen. Ihr grundlegender Befehl geht in einer heute kaum verständlichen Weise von lineartaktischen Anschauungen aus und die Ausführung entbehrt der Entschlossenheit. Die Überraschung des Feindes durch den unerwarteten Angriff wird in keiner Weise ausgenützt. Die vortreffliche, massenhaft vorhandene Reiterei wird nicht ausgiebig gebraucht, die russischen Garden und Reserven werden zu spät eingesetzt. Ein ganzes Korps fehlt außerdem auf dem Schlachtfelde, weil man die linke Flanke in einer Richtung sichern wollte, wo sie gar nicht bedroht war.

So ist denn bei Einbruch der Dunkelheit der achtstündige Kampf entschieden, der Angriff der Verbündeten abgeschlagen. Mit Mühe wird Großgörschen, das südlichste der vier Dörfer, behauptet, und eine letzte Attacke preußischer Reiterei täuscht den Feind über den beginnenden Abzug vom Schlachtfelde.

Aber die 11500 Mann, welche die Schlacht gekostet hatte, waren von den Verbündeten nicht vergeblich geopfert. Der Feind hatte rund die doppelte Zahl verloren, das Korps Ney allein 15000 Mann. An Trophäen führten die Verbündeten fünf eroberte Geschütze mit, sowie 800 Gefangene. Sie selbst hatten dem Feind nur zwei zertrümmerte Geschütze und nur wenige Gefangene überlassen. Gewiß konnte Napoleon mit Recht seinen Truppen warme Lobsprüche erteilen, denn sie hatten für ihre Verhältnisse wirklich sehr viel geleistet. Aber der große Kenner des Krieges konnte keinen Augenblick darüber im Zweifel sein, wo jetzt das Übergewicht der moralischen Faktoren zu finden sei. Was er an diesem Tage mit angesehen hatte im Hin= und Herwogen des Kampfes, das zeigte ihm, wie gefährlich viel seine Gegner gelernt hatten und welch ein mannhafter Geist sie jetzt beseelte.

Und am Tage von Großgörschen haben die Preußen die Überzeugung gewonnen, daß sie den verhaßten Gegner sicher überwinden können, trotz aller Hemmnisse. Mit diesem Gefühl traten sie den Rückzug an, nicht Sieger, aber unbesiegt in ihrem Bewußtsein.

6. Rückzug und Verfolgung.

Nachdem die ersten Schwierigkeiten überwunden waren, die sich bei nächtlichem Zurückgehen vom Schlachtfelde kaum jemals vermeiden lassen, erfolgte die Bewegung der Verbündeten in größter Ordnung und mit gelassener Ruhe, unter zähem Widerstande der Arrieregarden an jedem dazu geeigneten Abschnitt. Alle Versuche Napoleons, durch schärferes Drängen in breiter Front eine größere Beschleunigung des Marsches herbeizuführen, schlugen fehl.

Wittgenstein hatte vorübergehend den Gedanken gehegt, schon an der Zwickauer Mulde eine neue Schlacht zu schlagen, hatte ihn aber wieder aufgegeben, weil die örtlichen Verhältnisse keine besonderen Vorteile gewährten. Ein ernster Kampf an der Elbe ist dagegen überhaupt nicht erwogen worden. Das rechte Ufer des Flusses ist in der Gegend von Dresden hügelig und von mehreren großen Wäldern bedeckt; es fehlt also die ebene Fläche, die man damals als Schlachtfeld noch immer bevorzugte. Sonst hätte vieles dafür gesprochen, dem Feind gerade hier aufs neue entgegenzutreten. Man konnte durch die starke Kavallerie das rechte Elbe-Ufer weithin beherrschen und dem Feinde die Aufklärung verwehren; man konnte sich dann, nach Zerstörung der Übergänge, ganz in der Nähe von Dresden mit den Heeresmassen im Gelände verdeckt auf die Lauer legen, um den Feind anzugreifen, sobald er neue Brücken geschlagen hatte und über sie vorging. Nichts ist geeigneter, die Stärkeverschiebenheit auszugleichen, als ein Angriff auf den im Uferwechsel begriffenen und darum geteilten Feind. Niemals ist die Irreleitung und Täuschung des Gegners so leicht wie in solchem Falle, wo der Übergehende auf rasches Handeln angewiesen ist und doch des nötigen Überblicks durchaus entbehrt. Nach günstiger Gelegenheit zu vorteilhaftem Kampfe aber mußte man jetzt ausschauen, wenn man schlagen wollte. Zu einer Schlacht ohne ausgesprochen günstige Umstände fehlte die Kraft.

Nach welchen Hauptgesichtspunkten war nun der weitere Rückzug der Verbündeten einzurichten? Man wußte jetzt sicher, daß Österreich ernstlich gewillt war, seine Macht in einer Weise zur Geltung zu bringen, die der russisch-preußischen Sache günstig war, daß es aber noch einiger Wochen der Vorbereitung dringend bedurfte. Man mußte also derart handeln, daß Österreichs demnächstiges Auftreten begünstigt und erleichtert wurde. Dazu gehörte jedenfalls die Übereinstimmung des Handelns der beiden Verbündeten, wenn möglich auch die Aufrechterhaltung ihres räumlichen Zusammenseins. Es sprach sehr vieles dafür, daß Preußen und Russen vereint unter stetem Gefecht zunächst hinter die Oder und gegebenenfalls bis hinter die Weichsel zurückgingen, wo jetzt außer Graudenz auch Thorn zu einem Stützpunkt der Verteidigung geworden war. Dort konnten sich die Blockadetruppen, die jetzt vor den Oderfestungen und vor Danzig standen, wieder in das Haupttheer einreihen; dorthin konnten auch die bereitesten Landwehrformationen der Preußen und zahlreiche im Marsch befindliche Verstärkungen der Russen herangezogen werden, während die noch unfertigen Landwehren in den verschanzten Lagern von Kolberg, Glatz und Neiße ein sicheres Unterkommen fanden. So durfte man an der Weichsel mit vollkommenster Sicherheit auf eine Stärke rechnen, gegen welche Napoleons gegenwärtiger Angriff unbedingt nicht mehr vorzuschreiten vermochte. Dann war zugleich eine Lage geschaffen, die einem österreichischen Vorgehen in Flanke und Rücken Napoleons die glänzendsten Aussichten darbot.

Wie aber, wenn nun Österreich einer solchen Erwartung doch nicht entsprach? Die Lage, in welche der gemeinsame Rückzug der Verbündeten Österreich versetzte, würde außerordentliche Ähnlichkeit mit derjenigen gehabt haben, in der sich Preußen 1805 und 1809 befunden hatte — und beide Male hatte Preußen den Mut zu kräftigem Handeln nicht gefunden. War man so sicher, daß Österreich jetzt ein höheres Maß von Einsicht und Tatkraft besitzen werde? Vielleicht war es nicht unbedenklich, wenn sich der Krieg wieder von den österreichischen Grenzen entfernte, wenn man der vielgewandten Politik des französischen Kaisers die Bahn zur Verständigung mit Österreich freiließ!

Aus dieser Erwägung entstand durchaus naturgemäß der preußische Plan, die Fühlung mit Österreich jedenfalls nicht aufzugeben, die eigene Feld-Armee lieber in den Schutz der Festungen Glatz und Neiße zu führen als nach der Weichsel, und nötigenfalls die Russen allein dorthin zurückgehen zu lassen. Bei dem großen Umfang der preußischen Reserve- und Landwehrformationen hätte man alsdann ja auch an der Weichsel immer noch mit ansehnlichen Kräften auftreten können, die Hauptmasse des preußischen Heeres aber war so bereit, mit Österreich zusammen den Kampf zu erneuern. Man kann und darf nicht fragen, welcher von beiden Wegen hier der militärisch richtige war, weil die

Strategie in diesem Falle ganz zur Politik wird, ja, in letzter Instanz in die psychologische Beurteilung der beiden Kaiser Alexander und Franz und der ausschlaggebenden Personen in ihrem Rate übergeht.

Im Augenblick des Zurückgehens von der Elbe war das einstweilige Festhalten an der engen Verbindung mit den Russen das eigentlich wesentliche an der preußischen Entscheidung. Die Russen aber waren nach dem ersten Mißerfolge zu dem Entschluß gekommen, jedenfalls nichts zu unterlassen, was von einer tatkräftigen Heeresleitung gefordert werden könnte, und so reifte, während man unter wiederholten Gefechten nach Bautzen abzog, der Gedanke heran, sich hinter der Spree erneut zum Kampfe zu stellen. Hier war auf die von der Weichsel her nachrückende Armeeabteilung von Barclay de Tolly zu rechnen, welche die bisherigen Abgänge ersetzte, und hier zählte man auf die Gunst der Örtlichkeit und auf Befestigungen, die angelegt werden sollten. Am 13. Mai rückte das Gros der Armee in die neue Schlachtstellung ein; am 16. Mai kam Barclay an und brachte die Gesamtstärke wieder auf rund 100 000 Mann mit mehr als 600 Geschützen.

Inzwischen hatte Napoleon in seiner großzügigen Weise alles irgend mögliche getan, um dem Erfolge von Lützen (Großgörschen) die äußerste Tragweite zu geben. Ney, dessen Korps zunächst einer kurzen Ruhe bedurfte, wurde baldtunlichst in Richtung auf Torgau in Marsch gesetzt, wo der Wiederanschluß der Sachsen nunmehr täglich zu erwarten war und wohin daher auch Reynier mit der wieder ergänzten französischen Division des VII. Korps zu folgen hatte. Das V. Korps Lauriston sollte sich demnächst anschließen, und von der Niederelbe her rückten das II. Korps Victor und das 2. Kavalleriekorps Sebastiani mit höchster Beschleunigung nach. Als der sächsische Befehlshaber Thielmann die Eröffnung von Torgau einstweilen verweigerte, wurde der Übergang bei Wittenberg ins Auge gefaßt. Die neuen Weisungen des Königs von Sachsen kamen aber noch rechtzeitig genug, um Ney den Umweg zu ersparen. Am 11. Mai wurde Torgau besetzt.

Mit der Bildung dieser Neben-Armee von vier Infanterie- und einem Kavalleriekorps unter Ney verfolgte der Kaiser einen doppelten Zweck. Sie sollte einerseits den Verbündeten jede längere Verteidigung des oberen Elblaufs unmöglich machen, sie sollte anderseits die Preußen zum Abmarsch auf Berlin veranlassen und zugleich die Einleitung bilden zu der alsdann erforderlichen französischen Operation in nordöstlicher Richtung. Nun gelang es der französischen Betriebsamkeit überraschend schnell, die an sich recht schwierige Übergangsfrage bei Dresden zu lösen und den russischen Arrieregardenführer Miloradowitsch von der Unmöglichkeit längeren Widerstandes zu überzeugen. Am 9. Mai wich Miloradowitsch zurück, am 11. hatte Napoleon schon drei Armeekorps auf dem rechten Ufer, und auf beiden Hauptstraßen nach Bautzen gingen starke Avantgarden vor.

Nicht so rasch entschied sich dagegen die Frage nach dem Verhalten der Preußen, weil die französische Kavallerie-Aufklärung immer wieder an dem Postenschleier der Verbündeten scheiterte. So entstand eine mehrtägige Pause in den französischen Bewegungen, die dem Heranrücken von Verstärkungen zugute kam und auch das Sammeln und Wiedereinstellen zahlreicher, ja massenhafter Nachzügler ermöglichte.

Noch ehe die Gewißheit erlangt war, was die Preußen getan hatten, wurde Ney von Torgau nach Luckau — etwa halbwegs zwischen Berlin und Bautzen — in Marsch gesetzt, also in einer Richtung, welche die Entscheidung noch vorbehielt. Auch als am 14. Mai kein Zweifel mehr darüber war, daß das ganze verbündete Heer in zwei Kolonnen nach Bautzen marschierte, zog der Kaiser das Nebenheer nicht unmittelbar wieder an das Hauptheer heran. Er hielt einen ernsten Widerstand des Gegners an der Spree nicht für wahrscheinlich und war sich bewußt, daß beim Weitermarsch nach Osten die Parallelbewegung des Neyschen Heeres von ausschlaggebender Bedeutung zu werden vermochte. Sie konnte dazu dienen, dem Feinde den wiederholten Widerstand an Spree, Neiße, Queiß und Bober unmöglich zu machen; sie führte zum Entsatz von Glogau und durch diese Festung hindurch in gerader Linie auf die Verbindung der Russen nach Warschau. In diesem Sinne erhielt Ney mit dem III. und V. Korps nunmehr die Richtung auf Spremberg, einen starken Tagemarsch nördlich von Bautzen. Aus dem II. und VII. Korps sowie der Kavallerie Sebastianis gedachte der Kaiser eine dritte Heeresgruppe unter Victor zu bilden, welche den jetzt zwischen Wittenberg und Berlin stehenden General Bülow angreifen und die preußische Hauptstadt einnehmen sollte.

Bis zu diesem Zeitpunkte hatte sich die französische Haupt-Armee allmählich weiter vorgeschoben, und nur die Garde stand noch in Dresden zurück. Am 16. Mai lief bei Napoleon die Meldung ein, daß Macdonald (XI.) am Tage vorher die russische Arrieregarde bei Bautzen vom linken auf das rechte Spree-Ufer zurückgeworfen habe und daß der Feind sich verschanze, also augenscheinlich entschlossen sei, standzuhalten. Jetzt erging sofort die Weisung an Ney, nach der Gegend von Bautzen zu rücken. Hierbei hielt der Kaiser noch an der Absicht fest, Victor auf Berlin zu senden, und es war ein einfaches Mißverständnis von Ney, daß er allen ihm bis jetzt unterstellten Korps die veränderte Marschrichtung gab; er kam aber damit einem inzwischen eingetretenen Wechsel der Anschauung beim Kaiser entgegen.

Wenn der Feind wirklich standhielt, dann sollte es eine Entscheidungsschlacht werden im größten Maßstab, dann sollten 200000 Mann und 560 Geschütze auf dem einen Schlachtfeld erscheinen.

---

7. Die Schlacht bei Bautzen.

So wie wir heute die damaligen Verhältnisse der Franzosen überschauen, darf man sagen, daß für die Verbündeten die entschlossene Umkehr zum Angriff am 14. oder 15. Mai von ganz besonderem Vorteil gewesen wäre. Man hätte an diesen Tagen Aussicht gehabt, das feindliche Avantgardenkorps an der südlichen Straße über Bischofswerda zu überrennen und auf die nächste Staffel zurückzuwerfen, während ein ganzes Korps noch einen Tagemarsch seitlich stand und Napoleon mit der Garde noch in Dresden zurück war. Die vom Angriff betroffenen Marschälle hätten schwerlich in sich die rechte Kraft zu erfolgreichem Widerstande gefunden, und es konnte ein tüchtiger Sieg der Verbündeten zustande kommen. Auch am 16. und selbst am 17. Mai waren noch gute Aussichten für den Angriff vorhanden. Es bleibt zweifellos eine der allerersten taktischen Regeln, daß man unter allen Umständen immer zuerst fragen und ergründen soll, ob und wie man **angreifen kann**. Aber man muß hier in diesem Falle berücksichtigen, daß das verbündete Heer in eine Stellung zurückgegangen war, die befestigt werden sollte, und daß darum die Umkehr zum Angriff in diesem Augenblick ferner lag als sonst.

Der Gedanke zum Widerstand in vorbereiteter Stellung beruhte nun ganz wesentlich auf der Hoffnung, es nur mit der Haupt-Armee Napoleons zu tun zu haben und nicht mit seiner gesamten Streitmacht. Da erfuhr man am 18. Mai den Anmarsch des Neyschen Heeres aus der Richtung von Luckau, zugleich aber auch, daß die Avantgarde dieses Heeres unter Lauriston ihrem Gros mit beträchtlichem Abstand voraus sei. Wittgenstein beschloß, diesen Gegner anzufallen, ehe er den Anschluß an das kaiserliche Hauptheer erreichte, und schickte ihm am 19. Mai Barclay mit etwa 25000 Mann entgegen. Dieser Ausfall aus der Stellung glückte zwar nicht in der Weise, wie er geplant war, er führte aber doch zur völligen Niederlage einer italienischen Division, die von Napoleon zur Verbindung mit Ney entsandt war. Er zeigte außerdem, welcher tüchtige Geist die Verbündeten beseelte.

Die Stellung von Bautzen lag auf mäßigen Höhen, etwa 2—4 km hinter der vielfach gangbaren Spree, und war so ausgedehnt, daß zur Bildung von Infanteriereserven nicht viel Streitkräfte übrig blieben. Da Bautzen selbst als sehr verteidigungsfähig erschien und da man auch dem Feinde den Flußübergang nicht allzusehr erleichtern wollte, waren vorgeschobene Stellungen in großem Umfange zur Anwendung gelangt. Es ist mit solchen Vorpositionen immer ein eigenes Ding. Am besten ist es schon, wenn der Feldherr entschlossen ist, ihre Besatzung gar nicht zurückzuziehen, wenn er die Festigkeit des Willens besitzt, sie erforderlichenfalls gänzlich aufzuopfern. Dann muß sich der Feind an ihrem zähen Widerstande abringen und tritt geschwächt in den Hauptkampf ein. Es geht auch noch an, wenn die Besatzung vorgeschobener Stellungen einen seitlichen Rückzug zu nehmen vermag, so daß sie die Hauptfront freimacht, wenn sie zurück muß. Soll sie aber in die Hauptstellung selbst zurückgehen und wird dort auf sie wieder gerechnet, dann ist die Gefahr sehr groß, daß der Widerstand in der Hauptstellung nicht mit der gebotenen Sorgfalt vorbereitet und geregelt wird, so daß der schnell nachbringende Angreifer ihn leicht überwindet.

Trotz dieser Schattenseiten wäre die Stellung infolge ihrer fortifikatorischen Verstärkung und ihrer reichen Ausstattung mit Geschütz sehr wohl zu halten gewesen, wenn die Anmarschrichtung von Ney sie nicht völlig umfaßt hätte. Sobald der Anmarsch dieser zweiten Heeressäule bekannt wurde, hätten die Verbündeten sich eigentlich sofort sagen müssen, daß sie es nicht zum äußersten kommen lassen durften. Es war dabei noch ein besonderer Umstand zu beachten, daß nämlich eine an sich starke Hügelgruppe auf dem äußersten rechten Flügel sowohl der Vorposition wie der Hauptstellung gemeinsam angehörte, so daß sie gegen die sonstige Flucht der Hauptstellung etwas vorgeschoben war. Dieser rechte Flügel war also doppelt gefährdet, und man hätte ihn lieber ganz aufgeben sollen, als daß man die hier stehenden Truppen eigentlich mit klarem Bewußtsein der Umklammerung aussetzte. Man konnte ihn eine halbe Meile weit zurücknehmen, wo er als gesonderte Flügelstaffel verfügbar blieb, um entweder dem umfassenden Feind in die Flanke zu stoßen oder um in recht günstiger Stellung wenigstens den unvermeidlichen Rückzug der Hauptmassen gegen den gefährlichen Stoß von Norden her zu decken.

Napoleons Schlachtanlage hat eine ausgesprochene Ähnlichkeit mit der Schlachtanlage von Königgrätz. Zwei getrennte Heere rücken aus verschiedenen Richtungen gegen Front und Flanke des Feindes und vereinigen sich erst auf dem Schlachtfelde. Der Kaiser verzichtet sogar darauf, seine eingehende Schlachtdisposition auf das Nebenheer auszudehnen, er gibt diesem nur eine Direktive und einen weithin sichtbaren Marschrichtungspunkt, den Kirchturm von Hochkirch, der 10 km hinter Baußen, 6 km im Rücken der feindlichen Hauptstellung liegt. Es ist in der Tat ganz das Verfahren, wie es seit Moltke zur bevorzugten Regel geworden ist, und zwar das einzige Beispiel von so ausgesprochener Art bei Napoleon. Noch niemals hatte er einem Untergebenen so viel Spielraum gelassen wie jetzt Ney; und daß er es hier tat, hat er nachher gewiß beklagt, denn Ney hat sich der Aufgabe in keiner Weise gewachsen gezeigt. Vielleicht hatte der Kaiser sich darauf verlassen, daß Ney einen der begabtesten Generalstabsoffiziere jener Zeit, daß er Jomini zum Stabschef hatte. Aber es ist doch immer nur ein besonderer Ausnahmefall, wenn ein Stabschef wirklich ersetzen kann, was dem Truppenführer fehlt.

Die Schlacht begann am 20. Mai mittags damit, daß Napoleon die Vorposition der Verbündeten mit Ausnahme der Hügelgruppe des rechten Flügels in Besitz nahm und sich mit besonderem Nachdruck gegen den feindlichen linken Flügel wandte. Er hielt damit nicht nur die Gegner fest, sondern lenkte ihre Aufmerksamkeit ganz von der Seite ab, wo ihnen die größte Gefahr drohte. Hätten sie ihre Lage klar erkannt, so wäre an diesem Tage noch die Gelegenheit gewesen, den im Übergang über die Spree begriffenen Franzosen durch Gegenangriff schwere Verluste zu bereiten und dann abzuziehen, ehe Ney heran war. So riet Gneisenau, aber vergeblich.

Am 21. Mai erneuerte sich der Kampf in ähnlicher Gestalt, nur daß auch im Zentrum der Franzosen sich drohende Massen versammelten, anscheinend immer bereit zum entscheidenden Stoße. Und von Norden kam heute auch Ney auf das Schlachtfeld. Schwächere Heerteile, die ihm entgegenstanden, mußten weichen, und der Weg nach Hochkirch in den Rücken des verbündeten Zentrums lag frei. Aber Ney verlor zunächst längere Zeit — 1½ Stunden — in völliger Untätigkeit, weil er einen bestimmten Punkt früher erreicht hatte, als ihn der Kaiser dort erwartete. Als er demnächst wieder antrat, erfolgte immer noch nicht das Vorrücken auf Hochkirch, sondern jetzt wollte Ney mit seinen Hauptkräften gegen den Rücken des rechten Flügels der Verbündeten einschwenken, der noch immer auf jener Höhengruppe stand und den Blücher befehligte. Während der Schwenkungsbewegung erfolgte ein kräftiger Gegenstoß preußischer Reserven, der die vordersten Linien Neys zurückwarf und die Bewegung unterbrach. Als der Marschall dann endlich nach vielen Schwierigkeiten seine Massen aus der nördlichen Anmarschrichtung glücklich nach Westen herumgeschwenkt hatte, um endlich die Höhengruppe zu stürmen, da war Blücher inzwischen von dort abgezogen und Ney stieß auf den linken Flügel der französischen Haupt-Armee, die dem Abzug der Preußen folgte.

So half eine Reihe von Fehlern Neys den Verbündeten aus ihrer schwierigen Lage. Wenn die Schlacht so verlief, wie sich Napoleon sie gedacht hatte, so mußte sie mit einem gewaltigen Schlage den Feldzug entscheiden. Ney war zwar nicht ganz so stark, wie der Kaiser zuletzt gehofft, weil das II. Korps Victor noch nicht heran war; aber er war mit 65000 Mann zur Stelle, und das war mehr als genug, wenn sie richtig verwandt wurden. Es hätte ein furchtbares Blutbad werden müssen auf den Höhen zwischen Bautzen und Hochkirch, und nach allem menschlichen Ermessen blieb für die Masse der Verbündeten nur der Rückzug auf österreichisches Gebiet. Wie sie nach einer schweren Niederlage sich dort zeigen konnten, hätten sie schwerlich die Neigung zu kriegerischem Handeln verstärkt.

Tatsächlich gelang es den Verbündeten, um 4 Uhr nachmittags ihren Rückzug anzutreten, ehe der Weg durch Ney verlegt war und ehe Napoleons Hauptreserve zum Angriff vorgeführt wurde. Es gelang ihnen sogar, in breiter Front auf mehreren Straßen so abzuziehen, wie sie es bei ganz freiwilligem Abmarsch gemacht haben würden. Ihre Reiterei verhinderte jede unmittelbare Verfolgung, und keine Trophäe blieb in des Feindes Händen. Sie hatten 11000 Mann verloren, Napoleon 25000, darunter 800 Gefangene.

8. Der Waffenstillstand.

Wieder versuchte der Kaiser, in der strategischen Verfolgung mit ganzer Kraft dem Gegner den möglichsten Schaden zu tun. Nur das XII. Korps unter Oudinot wurde zunächst bei Bautzen zurückgelassen und dann zum Schutz der linken Flanke entsendet. Die Verbündeten wichen nur Schritt für Schritt, in stolzer Haltung und unter stetem Gefecht und brachten den Franzosen zumeist größere Verluste bei, als sie selbst erlitten. Ja, am fünften Tage des Rückzugs und der Verfolgung legte Blücher der einen Avantgarde der Franzosen in äußerst geschickter Weise einen Hinterhalt, und der Überfall von Haynau — zwischen Bunzlau und Liegnitz — wurde zu einem großen Erfolge der preußischen Reiter.

An demselben Tage — 26. Mai — übernahm Barclay den Oberbefehl aus Wittgensteins Händen und gleichzeitig wurde die Richtung auf Breslau aufgegeben, die Richtung auf Schweidnitz eingeschlagen.

Hier hatte Gneisenau eine befestigte Stellung vorbereiten lassen, in der man, durch Zuzug verstärkt, nach seiner Meinung zum dritten Male das Glück der Schlachten versuchen sollte. Sie lag südöstlich von der einstigen Festung, die jetzt notdürftig wiederhergestellt war, und ist an sich stark gewesen. Ihre Schwäche bestand darin, daß der an kühnes Handeln gewöhnte Gegner gar nicht gezwungen war, sie frontal anzugreifen, daß er sie über Breslau umgehen und im Rücken fassen konnte. Dann würden für die Russen tatsächlich sehr schwierige Verhältnisse entstanden sein. Sie hatten triftige Gründe, den geradesten Weg auf ihre Verstärkungen nicht aufzugeben. Weil nun die Preußen die Fühlung mit Österreich nicht verlieren wollten, so trat jetzt die Krisis ein, die man vorhergesehen: die Trennung der Russen und Preußen schien unvermeidlich. Da bot Napoleon einen Waffenstillstand an.

Der Kaiser hatte sich schon in Dresden davon überzeugen müssen, daß die Dinge in Österreich doch nicht so günstig verlaufen würden, wie er bis dahin noch immer gehofft. Er machte darauf zweimal den Versuch, mit Kaiser Alexander in gesonderte Verhandlung zu treten und das Bündnis von Tilsit zu erneuern. Es war vergeblich gewesen. Am 30. Mai traf der österreichische Vermittler abermals bei ihm ein und brachte Vorschläge, auf die er nicht eingehen wollte. Denn wenn auch Frankreich seine ganze gewaltige Machtstellung am Rhein und am Po behalten sollte, wenn selbst die Auflösung des Rheinbundes und die Unabhängigkeit der Hansastädte nicht unmittelbar gefordert wurde, das Eine war doch klar, daß man erhebliche Opfer von ihm verlangte. Nun überschlug er die Aussichten, die ihm die Fortsetzung der Operationen bot, und den Zustand seiner jungen Truppen. Er konnte nicht mit Sicherheit darauf rechnen, daß er in kurzer Frist einen großen Erfolg errang, und das Eingreifen Österreichs mit etwa 150 000 Mann war geeignet, ihn zu verderben. Er brauchte also Zeit, um seinem Heere die Hunderttausende einzureihen, die inzwischen in Frankreich ausgebildet wurden. Er mußte auch in Italien ein Heer aufstellen, das Österreich zur Teilung seiner Kräfte zwang.

Die theoretische Untersuchung wird sich immer aufs neue von der Frage angezogen fühlen, ob der Kaiser klug gehandelt hat, als er auf die dritte Entscheidung in diesem Feldzuge verzichtete. Seine Avantgarde stand schon in Breslau und der nächste Weg nach Polen war den Russen somit schon verlegt. Aber ihre Bewegungsfähigkeit war auch größer als die der Franzosen, deren Reihen infolge der Anstrengungen zusehends zusammenschmolzen. Und die Stärkeziffer der verbündeten Feldtruppen auf dem linken Oder-Ufer war um etwa 30 000 Mann höher als in der Schlacht bei Bautzen, so daß von einer französischen Überlegenheit nicht mehr die Rede sein konnte. Es können hier nicht alle Möglichkeiten durchgesprochen werden, die sich bei einer Fortsetzung der Operationen ergeben hätten. Es mag der Hinweis genügen, daß Napoleon gewiß zu wagen verstand wie wenige vor ihm und nach ihm und daß er diese Fähigkeit auch 1813—15 oftmals glänzend bewiesen hat. Wenn er hier vor dem Wagnis zurückschreckte, wird man seine Gründe wohl zu beachten haben.

So wurde am 4. Juni 1813 in Pläswitz zwischen Striegau und Neumarkt*) der Waffenstillstand geschlossen, der sieben volle Wochen dauern sollte und im allgemeinen den augenblicklichen Besitzstand der Parteien zugrunde legte. Zwar mußten die Franzosen ihre nach Breslau gelangten Heerteile bis Liegnitz zurückziehen und eine fünf Meilen breite neutrale Zone zog sich zwischen beiden Städten vom Riesengebirge bis zur Oder durch Schlesien hindurch, aber der größte Teil von Niederschlesien blieb somit doch den Franzosen. Von der Oder bis zur Elbe folgte die Demarkationslinie der preußisch-sächsischen Grenze, und Bülow, der im letzten Drittel des Mai mit seinem verstärkten Korps offensiv geworden war und noch am 4. Juni bei Luckau einen Gegenangriff des Marschalls Oudinot erfolgreich abgewiesen hatte, mußte auf preußisches Gebiet zurück.

An der Niederelbe waren die Franzosen unter Davout seit Ende April allmählich in die Lage gekommen, die Streifzüge der Parteigänger auf das linke Ufer immer mehr einzuschränken und den Angriff auf Hamburg vorzubereiten. Im Laufe des Mai kamen die Elbinseln nach und nach in ihre Gewalt, und in den letzten Maitagen mußte sich Tettenborn überzeugen, daß seine sehr bescheidenen Streitkräfte nicht ausreichten, die Stadt zu behaupten.

Vergeblich hatte man auf verbündeter Seite gehofft, daß der Kronprinz von Schweden, dessen Avantgarde bereits in Mecklenburg stand, zur Behauptung des hochwichtigen Punktes heranrücken werde. Bernadotte hatte politische Gründe, es nicht zu tun; es kam ihm vor allem darauf an, das noch schwankende Dänemark auf die Seite Napoleons hinüberzutreiben, damit er seinem besonderen Gegner Norwegen abnehmen könne. Für die Erreichung dieses Zieles war es ihm gerade erwünscht, die Franzosen wieder in Hamburg zu sehen, und die Rücksicht auf den eigenen Vorteil ließ ihn die große Bedeutung des Nachteils verkennen, den er der gemeinsamen Sache der Verbündeten zufügte. Am 30. Mai hat Tettenborn die Stadt völlig

---
*) Über den Ort, wo der Vertrag geschlossen wurde, vgl. Forschungen zur Brandenburgischen und Preußischen Geschichte, 17. Band, S. 246.

geräumt, und der Senat bot jetzt den Franzosen die Unterwerfung an. Mit ihrem Einzug begann eine Zeit schwerer Bedrängnis für die Bürgerschaft, die in den abgelaufenen beiden Monaten die Frage der Wehrhaftigkeit nicht ernst genug genommen und sich allzusehr auf die Hilfe anderer verlassen hatte.

Die Demarkationslinie an der Niederelbe beließ das mecklenburgische Gebiet den Verbündeten; die französische Stellung in dieser Gegend aber erhielt durch das Bündnis mit Dänemark vermehrte Stärke.

II. Abschnitt.

Der Herbstfeldzug 1813.

1. Die Streitkräfte und ihre Verteilung.

Während des Waffenstillstandes fanden in Prag Friedensverhandlungen statt, und um ihretwillen wurde der Wiederbeginn der Feindseligkeiten sogar drei weitere Wochen hinausgeschoben. Aber es war wohl nur Österreich mit wirklichem Ernst bei diesen Versuchen, und jedenfalls war Napoleon nicht geneigt, die Opfer zu bringen, welche bei dem jetzigen Stande der Dinge allein zum Frieden führen konnten. Mit seiner ablehnenden Haltung drängte er Österreich endgültig auf die Seite der Gegner hinüber. Im Vorgefühl dieses Ausgangs wurde die Waffenruhe von beiden Seiten mit höchstem Eifer zu Rüstungen benützt, und bei ihrem Ablauf am 16. August stand weit über eine Million Krieger im Flußgebiet der Elbe und Oder zur Erneuerung des Kampfes bereit.

Dem Heere Napoleons waren an größeren Verbänden das VIII., XIII. und XIV. Armeekorps sowie das 3., 4. und 5. Kavalleriekorps zugewachsen, außerdem einige Garde-Divisionen. Dazu kamen zahlreiche Bataillone und Schwadronen, die in den Rahmen ihrer Regimenter einrückten, ferner eine Reihe von Batterien, Geniekompagnien, Munitionskolonnen und Trainformationen sowie große Transporte von Ergänzungsmannschaften, deren Ausbildung jetzt erst vollendet war. Die Gesamtstärke der im nördlichen Deutschland zur Verfügung des Kaisers stehenden Feldstreitmacht — also ohne die Festungsbesatzungen — belief sich auf etwa 450000 Mann. Außerdem war in Bayern das IX. französische Armeekorps noch in der Bildung begriffen, und stand ein bayrisches Korps, nach Osten beobachtend, am Inn. Für den nördlichen Kriegsschauplatz kamen an Festungsbesatzungen noch 26000 Mann in den Elbfestungen und 51000 Mann in den Plätzen im Rücken des Feindes in Betracht.

Die Masse der Großen Armee hatte im Waffenstillstande ihre Quartiere in Niederschlesien, der Lausitz und Sachsen östlich der Elbe gehabt. Von den neu hinzugetretenen Heerteilen war das VIII. Korps, die Polen unter Poniatowski, in der Gegend von Zittau aufgestellt, die es in Gemäßheit eines besonderen Vertrages erreicht hatte, indem es von Krakau aus durch das damals noch neutrale Österreich hindurchmarschierte. Das XIII. Korps stand unter Davout bei Hamburg; dafür war das I. Korps unter Vandamme von der Niederelbe zur Haupt= Armee nach Bautzen herangezogen. Das XIV. Korps St. Cyr stand südlich Dresden; die drei neuen Kavalleriekorps waren gleichfalls nach Sachsen gerückt. Das ganze ungeheure Heer bildete zunächst eine einheitliche Masse ohne andere Einteilung als die der Korps. Nur Davouts Korps nahm infolge der räumlichen Entfernung eine besondere Stellung ein.

Die Ausrüstung der Elbfestungen war vervollständigt, Hamburg und Dresden provisorisch befestigt worden. In Anhäufung großer Munitions= und Proviantvorräte hatte der Kaiser viel getan. Es sollte sich aber freilich zeigen, daß das System allerpersönlichster Tätigkeit des Feldherrn auf allen und jeden Gebieten des gesamten Kriegswesens bei den Riesenheeren des 19. Jahrhunderts nicht mehr ausreichend ist, daß die Aufgabe ohne wirklich befähigte Mitarbeiter mit großer Verantwortlichkeit nicht mehr bewältigt werden kann.

Bei den Verbündeten waren zunächst die Österreicher hinzugetreten, im ganzen etwa 128000 Mann Feldtruppen, eingeteilt in die drei Armeekorps Prinz von Hessen=Homburg, Gyulai und Klenau sowie mehrere leichte Divisionen. Österreich hielt ferner die festen Plätze von Böhmen — Prag, Königgrätz und Josephstadt — mit 27000 Mann besetzt und hatte zwei Observationskorps an den Grenzen von Bayern und der illyrischen Provinzen Frankreichs gebildet.

Die Russen waren durch eine Reihe einzelner Truppenteile und durch Ersatzmannschaften verstärkt worden, so daß ihre Heeresmacht auf deutschem Boden sich auf rund 184000 Mann belief. Sie war jetzt im allgemeinen in die sechs Armeekorps von Winzingerode, Langeron, Sacken, St. Priest, Wittgenstein und Großfürst Konstantin eingeteilt. Dahinter war im Großherzogtum Warschau eine sogenannte Reserve= Armee unter Bennigsen in der Bildung begriffen, die etwa 60000 Mann zählte, und es wurden außerdem die Festungen Danzig, Modlin und Zamoscz noch durch etwa 52000 Mann angegriffen.

Am großartigsten hatte das kleine Preußen gerüstet. Die Reserve= und Miliz=Bataillone waren jetzt zu Reserve=Regimentern zusammengezogen worden, fast ebenso stark wie die Linien=Infanterie, noch etwas buntscheckig in der Ausrüstung, aber befehligt von lauter Berufsoffizieren. Die Zahl der Freikorps und die Stärke der Freiwilligendetachements war vermehrt, die Feldartillerie verdoppelt worden. Dazu trat die Landwehr, 37 Regimenter Infanterie, 30 Regimenter Kavallerie, im ganzen 112000 Mann, eine richtige Miliztruppe mit allen ihren erheblichen Schwächen, aber durch ihren glühenden Zorn gegen die Bedrücker von sieben langen Jahren doch eine Kraft, mit der zu rechnen war. Etwa 162000 Preußen sollten in vorderster Linie fechten, eingeteilt in die vier Korps von Jork, Kleist, Bülow und Tauentzien. 31000 Preußen standen als Blockadetruppen vor Danzig und den Oderfestungen. Die eigenen Festungen waren außerdem von etwa 79000 Mann besetzt.

Zu den Verbündeten waren endlich 27000 Mann Schweden unter Bernadottes Führung hinzugetreten, sowie ein mecklenburgisches Kontingent und einige deutsch-englische Formationen, in der schwedischen Festung Stralsund auch sechs englische Bataillone.

Für den nördlichen Kriegsschauplatz im Herbst 1813 gelangt man somit zu folgenden Zahlen:

Feld-Armee:	Verbündete	512000 M.	gegen	450000 M.	unter Napoleon	
Reserve- und Belagerungs-Armee:	„	148000	„	—	„	„
Festungsbesatzungen:	„	112000	„*)	77000	„**)	„
Summa:	Verbündete	767000 M.	gegen	527000 M.	unter Napoleon	

Aus den geographischen Verhältnissen ergab sich eine Gliederung der Verbündeten in drei Heere eigentlich mit Notwendigkeit. Die Österreicher hatten naturgemäß ihren Aufmarsch im nördlichen Böhmen bewirkt. Die russisch-preußische Haupt-Armee stand in Schlesien, auf dessen Festhaltung die Preußen so großes Gewicht legten und wo die Russen ihrer Heimat am nächsten waren. In der Mark hatte schon vor dem Waffenstillstande Bülow mit einem preußisch-russischen Korps die preußische Hauptstadt geschützt, und jetzt kamen dort die Schweden hinzu, die auf ihren Hafen Stralsund basiert waren. Im Kronprinzen von Schweden glaubten die Verbündeten den kriegserfahrenen französischen Marschall schätzen zu sollen, und bei den Verhandlungen über seinen Beitritt war ihm bereitwillig die Führung eines größeren Heeres zugesagt worden. So wurden ihm benn neben seinen Schweden das preußische Korps Bülow, das russische Korps Wintzingerode und das gemischte Korps Wallmoden unterstellt, das preußische Korps Tauentzien

---

*) Plätze in Preußen und Böhmen.
**) Plätze an der Elbe, Oder und Weichsel.

aber auf Zusammenwirken mit ihm hingewiesen. Bernadottes Heeresmacht wuchs dadurch auf mehr als 150000 Mann und war stärker als die österreichische Feld-Armee in Böhmen. Am stärksten aber war die russisch-preußische Heeresmacht in Schlesien geworden, die nach dem niedrigsten Ansatz 232000 Mann in sieben Armeekorps zählte.

2. Feldzugspläne.

Wenn man an diese Kräfteverteilung der Verbündeten mit den Anschauungen der Gegenwart herantritt, so muß sie als recht vorteilhaft für die Lösung der Aufgabe erscheinen. Die Hauptmassen in Schlesien können ohne Überwindung großer Geländeschwierigkeiten auf geradem Wege und in breiter Front an die Hauptmacht des Gegners herangelangen, die dabei von beiden Seiten her durch starke Kräfte in gefährlicher Weise flankiert wird. Daß die österreichische Armee die numerisch schwächste ist, entspricht durchaus den örtlichen Verhältnissen; denn sie wird auf ihrem nächsten Wege nach dem Schwerpunkt der feindlichen Kraft, d. h. auf dem Wege Zittau—Görlitz, auf beiden Seiten durch Gebirge eingeengt, die trotz aller zunehmenden Wegbarkeit auch heute noch beträchtliche Bewegungshindernisse bilden, nämlich durch das Riesengebirge im Osten und durch das Elbsandsteingebirge im Westen. Eine gewisse Schwierigkeit der Aufgabe liegt an sich darin, daß die Nord-Armee von dem Schwerpunkt der feindlichen Kraft weiter absteht als die beiden anderen Heere, so daß dem Gegner zeitlich und örtlich für eine Operation auf innerer Linie noch ein gewisser Spielraum gesichert scheint. Nun besitzen wir aber heute in der telegraphischen Verbindung ein ausgezeichnetes Mittel, um solche Schwierigkeiten zu überwinden. Man würde also die schlesische Haupt-Armee zunächst noch ein paar Tage festhalten, der Böhmischen Armee nur die Wegnahme der erforderlichen Pässe gestatten, die Nord-Armee aber würde man zu kräftigem Ausschreiten veranlassen, bis sie die Fühlung mit ebenbürtigen Kräften erlangt hat.

Sobald das erreicht ist, müßte der Feind von allen drei Seiten entschlossen angepackt werden, an jeder Stelle mit der festen Absicht des Sieges in der Angriffsschlacht. Wäre an irgend einem Punkte die feindliche Überlegenheit so groß, daß ein Erfolg im Angriff nach menschlicher Voraussicht durchaus in keiner Weise zu erwarten ist, so widerspricht es natürlich jeder gesunden Strategie, sich mit vollem Bewußtsein eine Niederlage zu holen. Man wird dann zusehen, wie weit man mit örtlicher Verteidigung kommt und wird unter Umständen sogar zum Rückzugsgefecht greifen. Wenn man die sichere Zuversicht haben kann, daß bei allen Teilen ein ernstes Streben nach vorwärts herrscht, so muß sich in diesem Falle ja an anderen Punkten der Sieg um so leichter einstellen und er wird demnächst auch demjenigen Heere vorwärts helfen, das zeitweise zum Stillstand oder gar zum Zurückgehen gezwungen war. Aber freilich kann man die sichere Zuversicht auf das ernste Vorwärtsstreben der andern nur haben, wenn man selbst von gleichem Streben durchdrungen ist, wenn man den festen Entschluß hegt, jede nur irgend mögliche Gelegenheit zum Angriff mit voller Kraft zu benutzen, wenn man jedes gebotene Stehenbleiben oder gar Zurückgehen als höchst unerwünscht ansieht.

Im Jahre 1813 war nun dieser entschlossene Wille zum Angriffskampfe eine ungemein seltene Erscheinung bei den Gegnern des großen Korsen. Es gab unter ihnen nur wenige kühne Geister, die sich nicht von der Sorge vor seiner Schlachtenkunst beherrschen ließen. Seit Scharnhorsts Tode waren unter den im Rate sitzenden Personen der Russe Toll und der Preuße Gneisenau wohl die einzigen, die so dachten und empfanden, und es sollte von höchstem Wert für die Sache der Verbündeten werden, daß der erstere dem Kaiser Alexander zur Seite stand, daß der zweite als Stabschef einer Armee zur Geltung kam.

Aber Kaiser Alexander war nicht Oberbefehlshaber der verbündeten Heere; der Kriegsplan konnte nur aus umfänglichen Beratungen erwachsen, und es ist eine alte Erfahrung, daß in Kriegsräten die „timidere Partie" — wie Friedrich der Große sagt — den Ausschlag gibt.

So wurde die Frage nach den wahrscheinlichen Absichten Napoleons zum Ausgangspunkt aller Entschließungen, und es begegneten sich alsbald alle Meinungen in der Vermutung, daß der Kaiser sich zunächst auf die Österreicher stürzen werde, um sie für ihren Abfall zu züchtigen. Man beschloß also, die in Böhmen stehende Armee zur Haupt-Armee zu machen, indem man die größere Hälfte der in Schlesien stehenden russisch-preußischen Kräfte mit 127000 Mann zu den Österreichern hinüberführte. Die Monarchen von Rußland und Preußen sollten sich anschließen und dadurch in stete und enge Verbindung mit dem Kaiser von Österreich treten. Der Oberbefehl in Böhmen sollte dem Österreicher Schwarzenberg verbleiben.

Unter dem vorherrschenden Einfluß Tolls hatte man anfänglich geplant, nach Ausführung dieser großen Truppenverschiebung mit allen drei Heeren gleichmäßig zum Angriff vorzugehen: „Das Lager des Feindes wird ihr Sammelpunkt sein." Nur der an sich schwächsten

Schlesischen Armee, die man zu jenem Zeitpunkt auch noch erheblich geringer veranschlagte, wurde besondere Vorsicht anempfohlen; und das war wohl berechtigt, einerseits, weil große Massen des Feindes in Niederschlesien und in der Lausitz standen, dann aber auch, weil der Oberkommandierende dieser Armee, der alte Blücher, eigentlich der einzige Führer der Verbündeten war, bei dem eine Tollkühnheit denkbar erschien.

In den österreichischen Händen nahm dieser Plan, der sogenannte Trachenberger Operationsplan, dann alsbald eine andere Gestalt an. Die Österreicher hatten von allen Kontinentalvölkern am häufigsten und längsten gegen die Franzosen der Republik und des Kaiserreichs gekämpft, und in bezug auf die niedere Taktik, den eigentlichen Kampf der drei Waffen und verwandte Gegenstände, hatten sie frühzeitig vom Gegner gelernt. In der großen Kriegführung aber wurde es ein wahres Verhängnis für sie, daß einer ihrer hervorragendsten Männer, ein Mitglied des Kaiserhauses und erfahrener Feldherr, daß Erzherzog Karl noch ganz in den Banden jener verkünstelten Anschauungen lag, die im 18. Jahrhundert so viel Unheil angerichtet hatten. Er war in zwei kriegstheoretischen Werken, die er 1806 und 1813 herausgab, zum Lehrmeister einer Strategie geworden, die von der Vernichtung des Feindes kaum etwas weiß, die ganz aufgeht im Streben nach Bodenbesitz, im Wirken auf die feindliche Verbindung und im Manöver.

Aus dieser Schule stammt nun die letzte Abmachung über den Kriegsplan, die zu Reichenbach erfolgt ist. Von österreichischer Seite wurde die ausdrückliche Ausdehnung des anfänglich nur für die Schlesische Armee aufgestellten Grundsatzes auf alle drei Heere gefordert und durchgesetzt. Eine schriftliche Aufzeichnung über die endgültige Vereinbarung ist bis jetzt nicht gefunden. Schwarzenberg hat die strategischen Grundsätze des Herbstfeldzuges nachträglich (im November 1813) in einem amtlichen Aktenstück folgendermaßen zusammengefaßt:

1. sich nicht durch die Festungen, auf welche man stoßen würde, aufhalten zu lassen, und sich zu begnügen, sie zu beobachten;
2. mit den Hauptkräften auf den Flanken und auf den Operationslinien des Feindes zu operieren;
3. von hier aus seine Verbindungen zu unterbrechen und ihn dazu zu zwingen, entweder Detachierungen vorzunehmen oder mit seinen gesamten Kräften nach den bedrohten Punkten zu eilen;
4. eine Schlacht nur dann anzunehmen, wenn der Feind seine Streitkräfte geteilt habe und die Überlegenheit entschieden auf seiten der Verbündeten wäre, sie aber zu vermeiden, wenn die

Kräfte des Gegners vereinigt und auf die von den Verbündeten bedrohten Punkte dirigiert wären;

5. in dem Falle, daß der Feind sich in Masse gegen die eine der alliierten Armeen wende, diese zurückzuziehen, die anderen dagegen mit größter Lebhaftigkeit vorgehen zu lassen.

Schwarzenberg fügt im November 1813 hinzu, daß gerade dieser Plan — den man den Reichenbacher nennen kann — zur schließlichen Vereinigung der drei Heere im Hauptquartier des Feindes und damit zum Siege von Leipzig geführt habe. Inwieweit das zutrifft, wird sich später zeigen. Hier muß nur von vornherein festgestellt werden, daß die äußerst vorsichtige, ja ängstliche Handhabung des Offensivgedankens alle Reibungswiderstände erheblich vergrößern mußte. Wo der Wille zum Siege so unterbunden und gehemmt wird, da kann eine große Tat schwerlich gedeihen. Wer den Gegner wirksam bekämpfen will, der kann mit bloßer Vorsicht nicht auskommen. Nach der Lehre von Clausewitz ist die Vernichtung der feindlichen Streitkraft unter allen Umständen und bei jeder Art von Kriegführung das Hauptprinzip des Krieges und für die ganze Seite des positiven Handelns der Hauptweg zum Ziel. Von der Vernichtung der feindlichen Streitkraft ist aber in obigen Sätzen so gut wie gar nicht die Rede. Moltke stellt als der Weisheit letzten Schluß hin, daß große Erfolge nun einmal nicht ohne große Gefahren zu erreichen sind. In Schwarzenbergs Kriegsplan wird aber die äußerste Vermeidung jeder Gefahr zur Hauptregel erhoben. —

— Es ist für den Soldaten ohne Unterschied der Nation immer ein erhebendes Gefühl, wenn er Kenntnis nehmen kann von der Art, wie Napoleon seine Kriegspläne schmiedete. Die strahlende Klarheit und Einfachheit seiner Gedanken, die packende und mitreißende Kraft seines Willens, die Freude an großen Unternehmungen und am Wagnis, die sichere Rechnung auf die Fehler des Feindes und auf die Gunst des Glücks, das sind die wahren Kennzeichen des Genies und sie behalten ihre bezaubernde Wirkung in allem Wechsel der Zeiten und selbst dann, wenn wir dem großen Manne im Einzelfall nachweisen können, daß seine Rechnung falsch war.

Auf die entscheidende Offensive gegen Österreich, welche die Verbündeten mehr oder weniger von ihm erwarteten, hatte der Kaiser verzichtet. So verlockend es scheinen konnte, durch sie auch die Truppen in Bayern und im weiteren Verlaufe die italienische Armee des Vizekönigs zu kräftigerer Mitwirkung zu bringen, es lag doch eine sehr große Gefahr vor, daß der Angriff zum Luftstoß wurde. Bis wohin konnte Napoleon dem etwa weichenden Feinde folgen, ohne seine Lage wesentlich zu verschlechtern? Wieviel sollte er in Norddeutschland zurücklassen, und was wurde aus den zurückgelassenen Heerteilen? Mit ungeheuren Anstrengungen war die untere und mittlere Elbe als Basis eingerichtet worden, und es war höchst bedenklich, sich ganz von ihr zu entfernen, da von allen Plätzen nur Magdeburg zu ernstem Widerstande aus eigener Kraft befähigt schien. Und die Besatzungen in den Oder= und Weichselfestungen wurden dann außerdem sicher geopfert. Kurz, der Plan konnte so lange einen wirklichen Erfolg nicht verheißen, als in Böhmen nur die Österreicher standen. Hätte Napoleon gewußt, daß der Schwerpunkt der feindlichen Kraft dorthin verlegt werden sollte, so wäre sein Urteil wohl ein anderes geworden.

Es konnte demnächst die im Frühjahr unterbrochene Offensive durch Schlesien in Betracht kommen. Sie litt aber naturgemäß an denselben Schwierigkeiten, die schon im Frühjahr hervorgetreten waren. Die feindliche Mitte konnte auch jetzt eine Strecke weit ausweichen, und dann fiel Sachsen unrettbar in die Hände der Gegner aus Norden und Süden.

Da für den großen Kenner und Beherrscher der Kriegskunst eine rein passive Verteidigung selbstverständlich überhaupt gar nicht in Frage kommen konnte, so blieb ihm — wenn man von seiner Aufstellung am Schluß des Waffenstillstandes ausgeht — noch der dritte Fall einer Offensive durch die Mark Brandenburg. Sie konnte die Nord=Armee völlig zersprengen, die preußische Hauptstadt unterwerfen, diesen Hauptsitz der oft verspotteten und doch gefürchteten „Ideologen"; sie konnte die Oderfestungen aus der Umklammerung des Feindes befreien und das französische Kriegstheater in höchst nützlicher Weise erweitern.

Der Kaiser dachte sich diesen Feldzug gegen die Nord=Armee als eine konzentrische Operation, zu der Davout mit 37000 Mann von Hamburg aus zuerst anzutreten hatte, während sich das IV., VII. und XII. Armeekorps sowie das 3. Kavalleriekorps bei Luckau zu einer „Berliner Armee" von 70000 Mann unter Oudinot zusammenzogen und während sich vorwärts der Linie Magdeburg–Wittenberg ein selbständiges „Zwischenkorps" von 15000 Mann bildete. Bei der großen Entfernung von Hamburg nach Berlin und der verhältnismäßig geringen Stärke Davouts durfte man freilich von ihm nicht viel mehr erwarten, als daß er erhebliche Kräfte auf sich zog und ernste Besorgnisse für die schwedische Rückzugslinie erweckte. Die Berliner Armee war für den Hauptteil der Aufgabe auf sich selbst angewiesen. Bei ihrem Marsch von Luckau auf Berlin bot sie nun den in Schlesien stehenden feindlichen Heeresmassen geradezu den Rücken, und es wurde somit zur

Notwendigkeit, jedem Vorgehen des Gegners aus Schlesien frühzeitig den Weg zu verlegen. In Schlesien aber nahm der Kaiser die Hauptmassen der Verbündeten an, und er hatte im Frühjahr erfahren, daß sie kräftiger Entschließung durchaus fähig waren.

Hier liegt der Ausgangspunkt für die Erwägungen, nach denen Napoleon die Aufstellung seiner Ost- und Südfront regelte. Er betont die Wichtigkeit, die Gegend von Liegnitz besetzt zu halten, um jede Operation des Gegners durch Niederschlesien und die Lausitz zu verhindern. Er berechnet sich zwar, daß man dort acht Märsche weit von Dresden entfernt ist und daß dieser wichtige Magazin- und Übergangspunkt damit großen Gefahren ausgesetzt wird. Aber er will sich durch diese Gefahren auch nicht allzusehr beeinflussen lassen.

Er stellt ein Infanterie- und ein Kavalleriekorps (XIV. bzw. 5.) mit südlicher Front bei Dresden und bei der Feste Königstein auf. Östlich davon bei Bautzen stehen das I. Korps Vandamme und das 4. Kavalleriekorps mit Vortruppen an der Grenze. Bei Zittau reihen sich das VIII. Korps Poniatowski und das II. Victor an, so daß die Südfront im ganzen mit etwas über 90000 Mann besetzt ist. Diese Aufstellung ermöglicht es, ohne Entblößung der Grenze in verhältnismäßig kurzer Zeit etwa 60000 Mann nach Dresden zu werfen. Für die kaiserlichen Hauptreserven, das Gardekorps und 1. Kavalleriekorps, zusammen 75000 Mann, wird eine Zentralstellung bei Görlitz gewählt, von wo aus Dresden in vier Tagen zu erreichen ist. Es verbleiben dann das III., V., VI. und XI. Armeekorps sowie das 2. Kavalleriekorps, im ganzen etwa 130000 Mann, mit südöstlicher Front zwischen Katzbach und Bober. Das westliche Sachsen mit dem Magazin-, Park- und Etappenpunkt Leipzig wird nur von einer Division besetzt. Zu den besonderen Vorbereitungen für die Operationen gehört endlich die Anlage eines breiten Kolonnenwegs, der von der Straße Bautzen—Dresden ab über Stolpen*) in der Richtung auf Königstein führt, wo im Schutze des Platzes zwei Brücken geschlagen sind.

Es ist also in der Hauptsache eine Defensivoperation auf innerer Linie, was der Kaiser plant, und eine solche, die durch die Massenhaftigkeit der hin und her zu werfenden Truppen unser Erstaunen erweckt.

In heutiger Zeit wäre eine solche Truppenaufstellung im ersten Kriegsplan völlig undenkbar. Wenn die Berliner Armee mit drei Armeekorps in der Gegend von Luckau steht, so würde heutzutage die zweite Staffel ihrer Kolonnen und Trains ihren natur-

---

*) 3 Meilen östlich Dresden.

gemäßen Platz etwa zwei Tagemärsche weiter südlich, also nicht mehr weit von der nördlicheren der beiden Straßen zwischen Dresden und Bautzen finden. Bis an diese Straße würden aber von der entgegengesetzten Seite her wieder die zweiten Staffeln der drei Korps heranreichen, die östlich von Dresden an der böhmischen Grenze stehen.

Die Garde und das 1. Kavalleriekorps in ihrer Zentralstellung bei Görlitz müßten entweder mitten drin stehen zwischen den zweiten Staffeln der vier Korps an Katzbach und Bober, oder sie würden diese Fuhrwerksmassen wenigstens dicht neben oder vor sich auf ihrer Ostseite haben. Wie die starke Haupttheeresreserve ihre eigenen massenhaften Impedimenta aufstellen soll, wenn sie auf den Abmarsch in drei Richtungen eingerichtet sein muß, das ist kaum zu sagen. Am besten aus dem Wege geschafft würden diese Kolonnen und Trains sein, wenn sie in nördlicher und nordwestlicher Richtung zurückgestaffelt werden. Sie sind dort aber in keiner Weise durch die Berliner Armee gedeckt und bieten sich den unternehmungslustigen Parteigängern der verbündeten Nord-Armee in gefährlicher Weise dar. Außerdem aber verweist sie ihr Zweck, die Bedürfnisse der Truppen sicherzustellen, auf den Raum zwischen ihren Korps und den Munitions- und Verpflegungsmagazinen an der Basis, d. h. sie gehören von Rechts wegen auf die Straße Görlitz–Dresden. Da diese Straße aber unbedingt freibleiben muß, wenn die rasche Verstärkung von Dresden und der Gegenstoß nach Westen möglich sein soll, so bleibt gar nichts anderes übrig, als sie doch nach Norden hin aufzustellen und durch eine besondere Deckungstruppe für die Sicherheit ihres Rückens zu sorgen.

Wie völlig anders diese Verhältnisse seit hundert Jahren geworden sind, das möge man sich daran klarmachen, daß wir bei gleicher Kopfzahl heute überall mindestens dreimal soviel Geschütze und mindestens sechsmal soviel sonstige Fahrzeuge mitführen als unsere Vorfahren zu jener Zeit. Die damalige Infanterietaktik kam mit sehr viel weniger Munition aus, die Artilleriemunition war sehr viel leichter; die Fürsorge für die Ernährung der Truppen war höchst mangelhaft, die Fürsorge für den verwundeten und kranken Soldaten war kaum angedeutet; Pontonkolonnen waren eine Seltenheit, Telegraphen- und Luftschiffer-Abteilungen gab es noch nicht.

Mit dem allem ist aber der Unterschied von damals und heute noch nicht völlig erklärt, ein höchst bedeutsamer Gegensatz liegt auch noch in der Art, wie die Truppen marschierten. Die Napoleonische Armee war meisterhaft darin geschult, bei Märschen in der Nähe des Feindes ihre Marschtiefen zu verringern und sich möglichst ohne Straßen zu behelfen. Dann marschierten, wie schon früher erwähnt ist, auf den

Straßen nur die Artillerie und die Fuhrwerkskolonnen, die Infanterie und Kavallerie aber hatten in Zugkolonnen und selbst in noch breiteren Formationen neben den Straßen das Marschziel zu erreichen.

Es war somit eine besonders charakteristische Eigenheit dieser Marschweise, daß sich die Impedimenta nicht hinter, sondern inmitten der Truppen befanden, also eine Steigerung ihrer Marschtiefe nicht bewirkten. Die Auswahl und rasche Bezeichnung von geeigneten Kolonnenwegen, welche den gleichmäßigen Marsch in derselben Kolonnenbreite erlaubten oder doch erlauben sollten, war eine Hauptaufgabe des Generalstabs, und es war eine Hauptobliegenheit der Truppenführung, den gleichmäßigen Fortgang des Marsches nach Möglichkeit zu sichern. Bei solcher Marschpraxis wurde die Marschtiefe eines Armeekorps von 30000 Mann mit allem Zubehör auf zwei Wegstunden berechnet, während heute die Marschlänge eines solchen Korps auf einer Straße ohne Bagagen, Kolonnen und Trains zu sechs Wegstunden, mit allem Zubehör aber bei dichtem Auffolgen zu mindestens zwölf Wegstunden anzusetzen ist.

Wer diese Verhältnisse gründlich durchdenkt und das Straßennetz von Sachsen und der Lausitz mit den zu bewegenden Truppenmassen vergleicht, der muß zu dem Ergebnis kommen, daß man heute eine Aufstellung wie diejenige Napoleons am 16. August 1813 unbedingt nie freiwillig herbeiführen wird und daß ihre zwangsweise Herbeiführung durch den Feind als eine Schwierigkeit allererften Ranges anzusehen ist.

Nun könnte der Laie im Kriegswesen durch diese Betrachtung vielleicht zu der Frage angeregt werden, ob denn der frühere Zustand unwiederbringlich verloren ist. Die heutige bessere Fürsorge für die Mannschaften und die Bereithaltung reichlicheren Schießbedarfs wird freilich wohl niemand verwerfen wollen, die geschilderte Marschweise könnte dagegen im Gegensatz zu der unsrigen empfehlenswert erscheinen.

Aber sie hatte doch sehr ihre zwei Seiten. Die Anstrengung des Marsches über Stock und Stein, durch hohes Korn und über Sturzäcker, durch Wälder, Gärten, Bäche und mäßige Flüsse war an sich riesengroß. Dazu kam die ungemein große Schwierigkeit, wirklich jedes Abbrechen der Zugkolonnen zu noch schmalerer Front und jeden Wiederaufmarsch zu vermeiden. Kommt aber auch nur ein solcher Fall vor während eines Marsches, so wird an der betreffenden Stelle die größere Marschlänge erzwungen, die man vermeiden will, und wenn die Führung diese Tatsache nicht einfach hinnimmt, wenn sie die Truppe hetzt und sie zu dem Versuch veranlaßt, durch Auflaufen das frühere Verhältnis herzustellen, dann muß diese Art des Marschierens zu einer

Quelle großer Marschverluste werden. Nun war Napoleon nicht gewöhnt, nach der Größe der Opfer zu fragen. Es kommt aber der Punkt, wo sie den Erfolg in Frage stellt. Im Herbst 1813 waren es in erster Linie die ungeheuren Anstrengungen des berühmten „Jeu de va et vient", des Hin- und Herwerfens der Truppen auf der inneren Linie, die zum Mißerfolg führten.

Wenn nun hier bestimmt behauptet wird, daß man die gleiche Aufgabe heutzutage unbedingt **nicht** so lösen kann, wie sie Napoleon zu lösen versucht hat, daß man heute zur vorteilhaften Bewegung gleicher Massen unbedingt eines sehr viel größeren Raumes, einer sehr viel **bedeutenderen Frontbreite** bedarf, so soll gleich an dieser Stelle die Bemerkung angeknüpft werden, daß auch Napoleon im Jahre 1813 nicht gezwungen war, so zu verfahren, wie er es getan hat, daß auch für ihn noch ein anderer Weg zum Erfolge wohl denkbar war. Auf diesen Weg näher einzugehen, wird sich aber erst empfehlen, wenn die Gesamtfolge der Ereignisse vor dem Auge des Lesers vorübergezogen ist.

---

3. Der erste Waffengang.

Schon am 7. August, zehn Tage vor dem Wiederbeginn der Feindseligkeiten, waren von Schlesien aus die russisch-preußischen Kräfte in Marsch gesetzt worden, die zur Verstärkung der Böhmischen Armee dienen sollten. Es waren dies das russische Korps Wittgenstein, das preußische Korps Kleist und die russisch-preußischen Garden und Reserven unter Großfürst Konstantin. Zum Schutz ihres Flankenmarsches nach der Eger standen die Österreicher anfänglich versammelt auf dem rechten Elbe-Ufer etwa zwei Märsche südlich von Zittau, schlossen sich aber noch in den letzten Tagen der Waffenruhe dem Linksabmarsch an und nahmen an der Eger den linken Flügel ein. Nur eine ihrer leichten Divisionen war zur Beobachtung des Gegners südlich Zittau verblieben, und zur weiteren Sicherung der rechten Heeresflanke wurde demnächst eine russische Grenadier-Division an der Elbe zurückgelassen.

Auf Grund der bis zum 17. August vorliegenden Nachrichten hielt man im Großen Hauptquartier der Verbündeten den Kaiser Napoleon für wesentlich schwächer, als er war, und mußte außerdem mit einiger Sicherheit annehmen, daß die erste größere Unternehmung des Feindes nicht sowohl nach Böhmen als gegen die Mark gerichtet sein werde. Die Haupt-Armee war also nach Schwarzenbergs Grundsätzen ad 2 und 3 (vgl. S. 41) zum Vorgehen über das Erzgebirge verpflichtet.

Bei der bedeutenden Stärke des Heeres (etwa 240000 Mann) war die Benutzung möglichst vieler Straßen geboten, und eine Frontbreite von 3—4 Tagemärschen war unter diesen Umständen ohne jedes Bedenken. Jede der fünf Kolonnen — und zwar von Osten nach Westen: Wittgenstein, Kleist, Hessen-Homburg, Ghulai und Klenau — gebot ja über ansehnliche Kräfte und hinter der Mitte folgten die starken Reserven. Fehlerhaft aber war, daß zwischen Wittgenstein und Kleist ein Zwischenraum von fünf Meilen lag und daß hier mindestens eine gut gangbare Straße nicht für die Bewegung benutzt wurde. Denn nur der äußerste rechte Flügel hatte die Richtung auf Dresden, die Mitte und der linke Flügel dagegen die über Freiberg bzw. Chemnitz auf Leipzig. Da man bei Dresden den Feind sicher wußte, die Richtung auf Leipzig aber nur dem allgemein theoretischen Gesichtspunkt entsprach, auf die Verbindung des Feindes zu wirken, so ist diese Anordnung höchst charakteristisch.*)

Am 22. August erfolgte der steile Aufstieg auf den Kamm des Erzgebirges sowie die Überschreitung der Grenze, und die rechte Flügelkolonne warf feindliche Vortruppen in Richtung auf Königstein und Dresden zurück. Im übrigen ergaben die Meldungen der Kavallerie sowie aufgefangene Depeschen, daß man bis Leipzig hin keinen Feind vor sich hatte, daß Dresden nur durch ein Armeekorps gedeckt war und daß Napoleon sich in der Lausitz befand.

Wenn jetzt ein wirklich kriegerischer Geist, ein einigermaßen frischer Wagemut in Schwarzenberg lebte, dann mußte ihm seine neue Aufgabe sofort klar sein. Sie bestand darin, Dresden zu erstürmen und den Königstein so eng einzuschließen, daß die dortigen Brücken nicht zu verwerten waren. Damit schädigte er das Verteidigungssystem des Gegners sofort in wirksamster Weise. Damit allein half er den beiden anderen Heeren, die augenscheinlich in diesem Augenblicke bereits angegriffen oder mit einem Angriff gefährlich bedroht waren.

Über den Zustand der provisorischen Befestigungen von Dresden konnte man eigentlich nicht zweifelhaft sein. Die Umfassung der Vorstädte war zwölfpfündigem Geschütz gegenüber ganz gewiß nicht haltbar, für ein einziges Armeekorps von mittlerer Stärke auch viel zu aus-

---

*) Dr. phil. Franz Lübtke stellt in seiner Inaugural-Dissertation vom Februar 1904 über: Die strategische Bedeutung der Schlacht bei Dresden die Behauptung auf, daß der eigentliche Zweck des Vormarsches die Schlacht gewesen sei. Er gesteht aber zu, daß die Absicht der Entscheidungsschlacht nirgends wörtlich ausgesprochen worden ist. Da er nun in dieser Schrift zugleich die Ansicht vertritt, daß wenige Tage später bei Dresden ein Kampf gegen Napoleon keinesfalls von Schwarzenberg angenommen werden durfte, weil das Reichenbacher Programm ihn untersagte, so wird der Zweck des Vormarsches auf Leipzig doch nicht ausreichend erklärt.

gedehnt. Die alte Stadtbefestigung im Innern hatte kein Schußfeld und viele nur notdürftig ausgeflickte Stellen. Wenn man unmittelbar hinter den geworfenen Verteidigern der Vorstädte gegen die Tore der Innenstadt hindrängte und ein paar Leiterkolonnen bereit hielt, dann war alle Berechtigung des Erfolges vorhanden. Jedenfalls weist die Geschichte eine große Zahl gelungener Handstreiche auf, wo die Verhältnisse bei weitem nicht so günstig lagen. Wer nichts wagen will, kann nie gewinnen! Und äußerstenfalls wäre das Mißgeschick eines fehlgeschlagenen Angriffs auf die Innenstadt auch noch zu tragen gewesen. Wenn man auch nur in den Besitz der Vorstädte gelangte, so zertrümmerte man dem Feinde voraussichtlich sein ganzes Armeekorps; man entzog ihm den gesicherten Übergangspunkt und zwang den Kaiser dazu, seine Schlacht auf einen gewaltsamen Flußübergang unter dem Feuer der Verbündeten anzulegen. Und schon der moralische Eindruck der glücklichen Feldzugseinleitung mußte bedeutend sein.*)

Es wäre nach Maßgabe des Straßennetzes sehr leicht möglich gewesen, den Vormarsch der Haupt-Armee von vornherein so anzuordnen, daß der größere Teil der Heeresmitte nach Bedarf auch schon am 23. August vor Dresden erscheinen konnte. Dann war es möglich, am 24. früh mit etwa 100000 Mann zum Angriff auf Dresden zu schreiten und zugleich den feindlichen Elbe-Übergang bei Königstein mit etwa 30000 Mann zu sperren. Man hätte dann außerdem noch mindestens 70000 Mann in zwei starken Reservegruppen südlich Dresden und bei Freiberg verfügbar behalten.

Nachdem nun einmal der Fehler vorlag, daß das Heer zu weit nach Westen geführt war, hätte man vielleicht am besten getan, die Massen vor allem geradeaus aus der Gebirgsgegend herauszuführen und sie dann erst nach Osten hin zu versammeln. Es standen auch noch Reserven genug hinter dem Gebirge zur Verfügung, die man schnell nach rechts in die jetzt fühlbar werdende Lücke zu schieben vermochte. Statt dessen erfolgte eine schwierige Transversalbewegung quer durch zahlreiche Täler hindurch, die bei schlechtesten Wegen sehr anstrengend werden mußte. Immerhin standen am 24. August abends die drei Kolonnen der Mitte und auch ein Teil der rechten Flügelkolonne auf

---

*) Clausewitz spricht sich in seinen beiden letzten Bemerkungen zum Herbstfeldzuge von 1813 nicht ganz klar aus. Unter 6 betont er, daß man darauf denken mußte, die Abwesenheit Napoleons zu einem Handstreich auf Dresden zu benutzen, und unter 7 sagt er, daß der Handstreich nur bei günstigen Umständen gelingen konnte und daß ein Sturm auf die von 20000 Mann verteidigten Festungswerke der inneren Stadt keine Aussicht auf Gelingen hatte. Wenn St. Cyr aber die Linie der Vorstädte überhaupt ernstlich verteidigen wollte, so konnte er unmöglich 20000 Mann für die Verteidigung der Innenstadt übrig behalten.

v. Caemmerer, Befreiungskriege 1813—15.

kleinen Tagesmarschabstand im Süden von Dresden, die linke Flügelkolonne aber bei Freiberg, und nur die Garden und Reserven waren noch weiter zurück. Man hätte also am 25. August mittags zum Angriff auf Dresden schreiten können. Das war nach den zuletzt eingegangenen Nachrichten doppelt angezeigt, weil man den Kaiser Napoleon jetzt mit seinen Garden auf dem Marsche von Görlitz aus nach Osten wußte, wo er Blücher mit dem Entscheidungsschlag bedrohte. Und aus den Kämpfen des folgenden Tages (26. August) läßt sich mit voller Sicherheit der Schluß ziehen, daß ein am 25. August mittags mit 80—100000 Mann und mit entschlossenem Willen unternommener Angriff ganz sicher zum Besitz der ganzen Altstadt bis an die Elbbrücken heran geführt haben würde, deren Zerstörung dann unmittelbar folgen konnte.

Aber die Klarheit und Bestimmtheit des Willens fehlte gänzlich. Während am 25. etwa 80000 Mann von allen Seiten gegen die Stadt vorrückten, fanden im Angesicht derselben und des zum Teil noch immer davor stehenden schwachen Gegners viele Beratungen statt, und der Kriegsrat endete mit dem Beschluß, für heute nichts zu tun und für morgen noch mehr Truppen bereit zu stellen. Mit den zur Stelle befindlichen Truppen hätte man wenigstens am 26. zu früher Morgenstunde einen machtvollen Angriff beginnen können. Es wurde aber die vierte Nachmittagsstunde als Anfangszeit bestimmt. Die Disposition plante eine Beschießung der Stadt, nicht gerade aus allem dazu geeigneten Geschütz, aber doch durch eine ganze Anzahl schwerer Batterien. Es wurden auch allseitige „Demonstrationen" und die Ausnützung etwaiger „vorteilhafter Gelegenheiten" angeordnet. Will man die Disposition mit günstigen Augen ansehen, so kann man sagen, daß sie bis 4 Uhr nachmittags immer noch leicht durch die Bezeichnung derjenigen Punkte zu ergänzen war, wo man ernsthaft stürmen wollte.

Da trat am Morgen des 26. während der einleitenden Vortruppenkämpfe eine große Überraschung für die Verbündeten ein. Von der rechten Seite der Elbe her sah man lange und dichte Kolonnen des Feindes nach Dresden hineinrücken, und das begeisterte „Vive l'Empereur!" dieser Truppen bestätigte die Anwesenheit des Kaisers.

Hatte es vorher schon am ernsten, entschlossenen Willen zum Angriff gefehlt, so ist es menschlich begreiflich, daß er sich jetzt erst recht nicht entfalten konnte. Nur der König von Preußen vertrat im Kriegsrat noch den Gedanken des Angriffs, weil es ihm schimpflich erschien, mit 200000 Mann vor dem bloßen Namen Napoleons abzuziehen. Der Oberfeldherr Schwarzenberg beschloß die Einstellung aller Unternehmungen gegen Dresden — und trotzdem wurde um 4 Uhr mit drei

Kanonenschüssen das angesagte Zeichen zum Beginn des Vorgehens gegeben. Wie das zugegangen, weiß man heute noch nicht; die drei Schüsse aber wurden die Einleitung zu einer ernsten und bedeutenden Schlacht.

Ehe diese Schlacht in ihren großen Zügen erörtert werden kann, müssen wir uns zunächst vergegenwärtigen, wie sich Kaiser Napoleon seit Wiederbeginn der Operationen verhalten hatte. —

Napoleon befand sich am 16. August in der Gegend von Zittau, um die Besetzung des Lausitzer Berglandes näher zu regeln. Hier erhielt er die Nachricht, daß „40000 Russen" von Schlesien nach Böhmen abmarschiert seien, und verstärkte daraufhin seine Südfront noch durch eine Infanterie- und eine Kavallerie-Division der Garde. Höchst charakteristisch und für immer vorbildlich ist seine Erwägung, was zu geschehen habe, wenn die jetzt erheblich verstärkte Böhmische Armee des Gegners etwa nach Süddeutschland abmarschiere. „Dann wünsche ich ihnen glückliche Reise und lasse sie laufen, sehr sicher, daß sie schneller zurückkehren werden, als sie gegangen sind. Was mich beschäftigt, ist, daß man uns nicht von der Elbe und von Dresden abschneidet, es kümmert mich wenig, wenn man uns von Frankreich abschneidet. Unterdessen kann ich mit 180000 Mann der Armee von Bunzlau und der Garde gegen Blücher, Sacken usw. vorbrechen, welche, wie es mir scheint, meine Truppen angreifen. Wenn ich diese Korps vernichtet oder geschwächt haben werde, so ist das Gleichgewicht gestört und ich kann mich, je nach dem Erfolge der auf Berlin operierenden Armee, entweder dorthin wenden oder durch Böhmen hinter der Armee hermarschieren, welche in Süddeutschland eingedrungen ist."

Durch den persönlich geleiteten Vorstoß einer Infanterie- und einer Kavallerie-Division nach Böhmen hinein sucht Napoleon am 19. August festzustellen, ob ein stärkerer Angriff auf dem rechten Elbe-Ufer nahe bevorsteht. Als die feindlichen Vortruppen überall schleunigst weichen, eilt er am 20. nach Schlesien. Am Nachmittag des 20. wälzt er die Massen seiner Garde und des 1. Kavalleriekorps (noch über 60000 Mann) in jener oben geschilderten Weise von Görlitz nach Lauban am Queiß, am 21. vormittags von Lauban nach Löwenberg am Bober. Bis hinter diesen Fluß hatte sich Ney mit der Bober-Armee vor dem in breiter Front heranbringenden Schlesischen Heere Blüchers zurückgezogen. An mehreren Stellen war es bereits zu Gefechten gekommen. Am Mittag des 21. August hielt der Kaiser in der Linie Bunzlau–Löwenberg am Bober wirklich 180000 Mann bereit, um den breitesten Gegner zu züchtigen.

Aber Blücher hatte den Kaiser und die Garde erkannt, und er

hütete sich wohlweislich vor einem Kampf gegen doppelt so starke Kräfte. Mit Umsicht und Geschick trat er den Rückzug an. Napoleon folgte am 21. mit der vorderen Linie des Heeres; am 22. kam er zu der Überzeugung, daß Blücher von jähem Schreck erfüllt worden sei, und daß es nicht gelingen werde, ihn zu entscheidendem Kampfe zu stellen. Daß bei der Verfolgung des ungeschlagenen Feindes kein wesentliches Ergebnis zu erwarten sei, das stand ihm wohl noch vom Frühjahr her in lebendiger Erinnerung. Anderseits erhielt er jetzt die Nachricht, daß die drei verbündeten Monarchen sich in Böhmen vereinigt hatten und daß der Marschall St. Cyr einen Angriff über das Erzgebirge erwarte. Auch die Stärkeverhältnisse des Feindes waren ihm allmählich klarer geworden.

So entschloß er sich am 22. zur Umkehr nach Görlitz unter Mitnahme der Garde, des VI. Korps Marmont und des 1. Kavalleriekorps, zusammen etwa 90000 Mann. Er nahm auch Ney in Person mit, der sein III. Korps an den ältesten Divisionskommandeur abzugeben hatte. Den Befehl über die Bober-Armee (III., V., XI. Armeekorps, 2. Kavalleriekorps, etwa 100000 Mann) erhielt der Marschall Macdonald. Er sollte Blücher bis über die Katzbach zurückdrängen, dann aber seine Aufstellung am Bober nehmen und von hier aus erneut über den Gegner herfallen, sobald er abermals vorzudringen wage.

Im Augenblick der Umkehr nach Görlitz weiß Napoleon noch nicht genau, wohin er sich wenden wird. Wenn Schwarzenberg noch südlich des Erzgebirges steht, dann will der Kaiser über Zittau in Böhmen einbrechen und die Schlacht in Richtung auf Prag suchen. Nun aber erfährt er (23. August), daß der Feind wirklich vorgegangen und vor St. Cyr erschienen ist, und jetzt entwirft er einen Plan von jener packenden Kühnheit, durch die er das Glück so oft in seine Dienste gezwungen. Er weiß Dresden und die Brücken am Königstein durch St. Cyr einstweilen gesichert und nimmt an, daß auf dessen Hilferuf Vandamme (I. Armeekorps) in kürzester Frist bei ihm eintreffen wird. Von 60000 Mann kann Dresden nach seiner Überzeugung sicher gegen jeden Angriff gehalten werden, alle weiteren Kräfte können also in anderen Richtungen auftreten. Daher will Napoleon die Garde und das 1. Kavalleriekorps, das VI. Korps und das aus der Gegend von Zittau kommende II. Korps, zusammen über 100000 Mann, nicht auf Dresden vorführen, sondern über die Brücken am Königstein unmittelbar in die Flanke des vor Dresden stehenden Feindes. Sein neuer Kolonnenweg über Stolpen nach Königstein ermöglicht den ununterbrochenen Fluß der Massenbewegung, und über die zwei Brücken am Königstein gedenkt er im Laufe einer Nacht 100000 Mann auf das linke Elbe-

Ufer zu werfen, was bei sehr geschickter Anordnung und ununterbrochenem Folgen der Truppen allerdings möglich ist. Nimmt dann der Feind die Schlacht an, so rechnet der Kaiser auf den Sieg seiner überlegenen Kriegskunst. Und wehe dem Gegner, wenn er ausweicht! Dann wird ihn der Kaiser am Südfuß des Erzgebirges empfangen und wird seine Kolonnen einzeln zerschmettern!

Mit diesem Ziel vor Augen fordert Napoleon jetzt von den Truppen wahrhaft unerhörte Anstrengungen. Die Garde, das 1. Kavalleriekorps und das VI. Armeekorps bilden eine Masse von mehr als 80000 Mann, und sie marschiert in drei Tagen 15 Meilen weit vom Bober über Görlitz und Bautzen nach Stolpen, das II. Korps aber reiht sich in der Gegend von Bautzen in die Bewegung ein. Die Kritik hat dem Kaiser zum Vorwurf gemacht, daß er nicht auch das starke III. Korps mitgenommen habe, wie es vorübergehend seine Absicht war. Es fehlen uns aber die genauen Grundlagen zur Beurteilung der Frage, ob selbst bei Napoleonischer Marschtechnik die Mitnahme noch weiterer 36—40000 Mann überhaupt ausführbar war. In heutiger Zeit würden 120000 Mann mit Zubehör den Marsch aus der Linie Bunzlau-Löwenberg nach dem einen Punkt Stolpen ganz unzweifelhaft nicht in drei Tagen ausführen können.

Der kühne Plan des Kaisers kam nicht zur Ausführung, weil die Sorge um Dresden doch zu groß war. Durch ein Mißverständnis war Vandamme noch nicht in Dresden, als Napoleon persönlich in Stolpen ankam, er stand vielmehr noch bei letzterem Orte. St. Cyr hielt die Verteidigung Dresdens für aussichtslos, falls der Kaiser nicht selbst dorthin komme, und ein dorthin entsandter Ordonnanzoffizier bestätigte diese Auffassung. Da steigt die Sicherheit der Lösung im Preise, die Flankierung über Königstein wird Vandamme übertragen, und am 26. August frühmorgens beginnt der Abmarsch aller übrigen Truppen auf Dresden. —

Jetzt läßt sich die strategische Grundlage der Schlacht bei Dresden genauer feststellen. Napoleon sucht die große Waffenentscheidung und muß sich zu ihr mit etwa 120000 Mann aus den Toren einer provisorisch befestigten Stadtumfassung herausentwickeln, vor welcher der Feind mit mindestens 180000 Mann und etwa 600 Geschützen auf Kanonenschußweite steht. Daß diese letztere Streitmacht noch nicht bis auf den letzten Mann zur Schlachtordnung aufmarschiert war, bedeutet keinen wesentlichen Unterschied. Denn was in dieser Hinsicht fehlte, das konnte in währendem Kampfe leicht nachgeholt werden.

Im ganzen Umkreis von Dresden gab es dabei nur eine Stelle, wo die örtlichen Verhältnisse allenfalls zugunsten der Franzosen waren, nämlich dicht oberhalb der Stadt, wo man vom rechten Ufer her das linke mit Geschützfeuer zu beherrschen vermochte. Sonst fanden die Verbündeten überall vortreffliche Stellungen für ihre überwältigend große Geschützmasse. In der Mitte ihrer Schlachtlinie waren sie durch terrassenförmig zur Stadt abfallende Geländerücken — von etwa 100 m und 70 m relativer Höhe — ganz besonders begünstigt, und hier ist auch am 26. August abends ihre Artilleriewirkung eine sehr bedeutende gewesen. Hier wurden zwei der neuerrichteten Stützpunkte (Lünetten) in der Vorstadtbefestigung erstürmt und zeitweise behauptet, obgleich die verschiedenen, spät unternommenen Angriffe des rechten Planes und Nachdrucks ermangelten und obgleich um diese Zeit die Ankunft des Kaisers und seiner Garden der Verteidigung bereits neue Kraft gegeben hatte. Wenn die Verbündeten am Frühmorgen des 26., ehe das Vive l'Empereur! herüberschallte, den Mut zum kräftigen Angriff gefunden hätten, dann waren sie aller Wahrscheinlichkeit nach bis zum Mittag mindestens im Besitz der Vorstädte und mußten dem XIV. Korps schwere Verluste beigebracht haben. Dann konnte ihre Artillerie ober= halb und unterhalb der Stadt die Ufer besetzen und die Brücken be= herrschen.

Wie der Kaiser dann aus der Innenstadt heraus vorbrechen wollte, das kann man sich schwer vorstellen; daß er es aber versucht haben würde, kann wiederum kaum zweifelhaft sein. Es waren also große Erfolge hier zu erringen, wenn nur die Oberleitung der Verbündeten den Entschluß gefunden hätte, nach ihnen zu greifen. So wie das Vorgehen gegen die Stadt am Abend des 26. wirklich erfolgte, verspätet, mit ungenügenden Kräften, nach einem Rezept für Demonstrationen, so konnte es gegen Napoleons eisernen Willen natürlich nicht aufkommen. Es muß aber zur Kennzeichnung der Lage dienen, daß der Imperator tatsächlich seine ernste Sorge um den Ausgang nicht verbergen konnte. Als in später Nachtstunde der Kampf endete, war der Angriff der Verbündeten überall abgeschlagen und auf beiden Flügeln hatten sich die Franzosen ein Stück Ent= wicklungsraum im Vorgelände erobert.

Mit dieser Tatsache wäre nun für eine willenskräftige und von gesunden Anschauungen durchdrungene Oberleitung auf Seite der Ver= bündeten nichts weiter bewiesen gewesen, als daß man die Sache am folgenden Tage besser machen müsse. Das Zentrum der Böhmischen Armee stand auf jenen vorerwähnten starken Höhen so, daß jeder feindliche Angriff an dieser Stelle völlig aussichtslos war. Hier genügte neben der zahlreichen Artillerie eine mäßig starke Infanterie, um jede Sicherheit gegen den so gefürchteten Napoleonischen Zentrumsdurch=

bruch zu geben. Man konnte somit, wenn man alle Kräfte heranzog, auf beiden Flügeln mit bedeutenden Massen und sicher mit erheblicher Überlegenheit zum Angriff vorgehen. Es ließ sich nach Maßgabe der vorhandenen Toreingänge in die Dresdener Neustadt und der Elbbrücken mit voller Sicherheit berechnen, daß die Heeresmassen, die Napoleon heranführte, auch nicht unbegrenzt waren und daß die Verbündeten jedenfalls überlegen bleiben mußten.

Freilich, nachdem jetzt 100000 Franzosen mehr zur Stelle waren, konnte man nicht mehr darauf rechnen, am Schluß der Feldschlacht auch noch Dresden zu stürmen. Aber darauf kam es jetzt auch nicht mehr an. Dem Sieg über Napoleon im Vorfelde von Dresden konnte der Sieg über Vandamme zwischen Pirna und Königstein folgen, und das war eine völlig ausreichende Ausbeutung des Erfolges. Haben wir doch im Dezember 1870 den Sieg über Ducrot im Vorfelde von Paris auch nicht weiter ausbeuten können und er ist uns doch von hohem Werte gewesen. Und wenn man auf die blutige Waffenentscheidung ausging, dann würden sich sicherlich auch Mittel und Wege gefunden haben, Verpflegung aus Böhmen nachzuziehen.

Aber war nicht Schwarzenberg durch die Reichenbacher Vereinbarungen geradezu verpflichtet, der Schlacht mit Napoleon auszuweichen?*) Dem muß vom Standpunkte der Truppenführung aus durchaus widersprochen werden. Wir wissen, „daß kein Operationsplan mit einiger Sicherheit über das erste Zusammentreffen mit der feindlichen Hauptmacht hinausreichen kann", wie Moltke sich ausdrückt. In verwandtem Sinne hat Napoleon von sich gesagt, er habe niemals einen Operationsplan gehabt, will sagen, daß er sich niemals durch einen solchen Plan auf ein einziges, ganz bestimmtes Verfahren habe festlegen lassen. Wir wissen ferner, daß das Genie nicht etwa außerhalb der Regel steht, sondern daß das, was das Genie tut, gerade die beste Regel ist (Clausewitz). Und darum war Schwarzenberg nicht im Rechte, als er die Möglichkeit eines entscheidenden Erfolges aus der Hand gab, um nach dem Wortlaut der Reichenbacher Vereinbarungen zu verfahren. Kein wirklicher Feldherr hätte so gehandelt, und wenn Blücher und Gneisenau hier zu entscheiden hatten, dann wurde der Kampf ganz sicher angenommen und höchstwahrscheinlich erfolgreich durchgeführt! Mehr wie hohe Wahrscheinlichkeit des Erfolges darf

---

*) Dr. phil. Franz Lübtke, Die strategische Bedeutung der Schlacht bei Dresden, versucht diesen Nachweis. Dazu ein Aufsatz desselben Verfassers in den Dresdener Geschichtsblättern Nr. 4 von 1904: Die Überlieferung und Legende der Schlacht bei Dresden 1813.

man aber nicht verlangen wollen, wenn man zum Handeln im Kriege berufen ist.

Was nun wirklich geschah am 27. August, das war wieder ein Gemisch von Unklarheit und Unentschlossenheit, wie sie hoffentlich immer seltener werden müssen, seitdem die Truppenführungslehre die moralischen Seiten der Sache so stark betont. Heute heißt es bei uns schon in den Exerzier-Reglements und der Felddienst-Ordnung, b. h. in den taktischen Anleitungen für die breitesten Heereskreise: „Vor allem aber ist entschlossenes Handeln für die vorliegenden Zwecke zu fordern. Ein jeder — der höchste Führer wie der jüngste Soldat — muß sich stets bewußt sein, daß Unterlassen und Versäumnis ihn schwerer belasten als ein Fehlgreifen in der Wahl der Mittel."

Am Abend des 26. August 1813 entschloß sich Schwarzenberg weder zum Abmarsch noch zum Stehenbleiben, er traf nur einige Vorbereitungen für die mögliche Schlacht. Man hat seine Maßregeln als die Vorbereitung auf Arrieregardenkämpfe auffassen wollen. Dazu fehlt aber ein höchst wichtiger Faktor, nämlich das ernste Streben, die Massen in Fluß zu bringen. Auch wenn auf den Straßen zuvörderst die Bagagen, Trains und Kolonnen in Marsch gesetzt wurden, die der Armee bis in die Nähe von Dresden gefolgt waren, so hätte man außerdem auf Kolonnenwegen alle die Truppen in Aufnahmestellungen zurückschicken können, deren man dicht am Feinde nicht unbedingt bedurfte. Schwarzenbergs Anordnungen bestanden jedoch ganz im Gegenteil in der weiteren Verstärkung des Zentrums, das so wie so schon so stark war. Große Massen von Infanterie, Kavallerie und Artillerie wurden dort in Reserve gestellt, für die Flügel wurde dagegen nur ungenügend gesorgt. Mißverständnisse und sonstige Reibungen trieben natürlich auch ihr Spiel; sie tun es mit Vorliebe da, wo der Wille schwach ist.

So konnte denn Napoleon am 27. August einen wirklichen Sieg erfechten. Wenn sich ein Heer von 120000 Mann im Angesicht von 180000 Feinden aus einem Brückenkopf heraus entwickelt, dann den Gegner auf beiden Flügeln umfaßt und beide Flügel schwer schädigt, wenn es eine ganze feindliche Division auf freiem Felde zur Waffenstreckung zwingt, wenn es unmittelbar vom Schlachtfelde über 13000 Gefangene mit 15 Fahnen und 26 Kanonen heimbringt, so ist das ein ganz unzweifelhafter Sieg. Und keinerlei Sophistik wird die Tatsache aus der Welt schaffen, daß die Verbündeten hier eine wirkliche Niederlage erlitten haben. Es ist wahr, daß bedeutende Massen ihres Zentrums äußerlich ganz unberührt standen und daß der Sieger gebührende Rücksicht auf sie nahm. Aber die zahlreichen Bataillone und Schwadronen, die man nicht einzusetzen gewagt hatte, waren in ihrer inneren Verfassung, in ihrer moralischen Kraft leider durchaus nicht ungeschädigt geblieben, ja, sie hatten erschreckend große Zahlen von Flüchtlingen aufzuweisen. Moralische Schwäche wirkt sehr ansteckend, und eine derartig ängstliche Heerführung kann auch gute Truppen gefährden.

Und nun kam der Rückzug unter den allerschwierigsten Verhältnissen. Vom Königstein aus war Vandamme mit 40000 Mann an den beiden Schlachttagen allmählich so weit vorgedrungen, daß Herzog Eugen von Württemberg mit der Hälfte des Korps Wittgenstein ihm die Hauptstraße Dresden–Teplitz überlassen und sich in der Richtung auf das sechtende Heer zurückziehen mußte. Auf dem entgegengesetzten Flügel war die Hauptstraße über Freiberg gleichfalls verloren gegangen. Es blieben für rund 160000 Mann drei mäßige oder geradezu schlechte Wegeverbindungen, und da man im Gebirge unbedingt nur auf den Wegen marschieren kann, so mußten jetzt übermäßige Marschlängen entstehen. Stellenweise kamen auch noch Verpflegungskolonnen entgegen, die der Armee nachfolgen wollten und jetzt die Verwirrung steigerten. Zu dem allen die verderbliche Wirkung anhaltend nasser Witterung!

Es war ein großes Glück für die Verbündeten, daß Napoleon den Rückzug auf den wirklich eingeschlagenen Wegen nicht für wahrscheinlich hielt, daß er annahm, die Hauptmassen zögen zunächst in südwestlicher Richtung ab, um erst in größerer Entfernung von Dresden bessere Wege über das Gebirge zu gewinnen. Die Unsichtigkeit der Luft unterstützte seinen Irrtum. Darum setzte der Kaiser auch nur Vandamme auf der Teplitzer Straße an, damit er am Südfuß des Erzgebirges in die Fuhrwerksmassen des Feindes falle und sie wegnehme. Hätte der Kaiser erkannt, wie die Dinge lagen, so wäre er sicherlich selbst dorthin gegangen und hätte eine größere Truppenmacht mitgenommen, um die Feinde zu zersprengen, sobald sie vom Gebirge herabstiegen. Es hat also nur ein glücklicher Zufall die Schwarzenbergische Strategie vor dem vollkommensten Fiasko gerettet, und es ist damit deutlich erwiesen, wie gefährlich die Vorsicht werden kann, die vor jedem Wagnis zurückschreckt.

Als Vandamme jene vorerwähnte Weisung erhielt, hatte er bereits ein erstes Mißgeschick erlitten. Herzog Eugen von Württemberg war mit kühnem Entschluß durch Vandammes Aufstellung durchgebrochen und hatte sich zur Sperrung der wichtigen Straße erneut mit der richtigen Front aufgestellt. Jetzt aber nahm Vandamme seinerseits alle

Kraft zusammen, und am 29. August war er nahe daran, sich den Eintritt in die Ebene am Südfuß des Gebirges zu erzwingen. In der Gegend von Kulm (2 Meilen nordöstlich Teplitz) wurde heftig gefochten, und nur mit Mühe gelang es Eugens Truppen und einer russischen Garde-Division, den Franzosen standzuhalten. Bis zum 30. konnte, dank den lebhaften Bemühungen der beiden Monarchen von Preußen und Rußland, die Frontlinie bei Kulm durch Russen und Österreicher derartig verstärkt werden, daß keine Gefahr mehr vorhanden war, und nun sendete das Schicksal einen Deus ex machina, der die ganze Lage plötzlich wendete.

General Kleist war mit seinem Korps auf dem nächstgelegenen der drei Rückzugswege in die allerschwierigste Lage gekommen. Der Abstieg nach Böhmen war ihm durch verfahrene Wagenkolonnen so völlig versperrt, daß man innerhalb 24 Stunden keine Möglichkeit des Aufräumens sah, und hinter ihm drängte der Feind, der Marschall St. Cyr, und bedrohte ihn mit Vernichtung. Da bog er auf der Höhe seitwärts nach Osten aus und ging in klarer Würdigung der Lage am 30. August dem General Vandamme in den Rücken. Es entstand ein furchtbarer, verzweifelter Kampf. Vandamme unternahm mit echt soldatischer Entschlossenheit den Durchbruch durch das Kleistsche Korps, und seine Truppen setzten das Äußerste daran, sich zu retten. Die Waldungen im Gebirge kamen nach Auflösung jeder Ordnung der Flucht der einzelnen zugute, aber das I. französische Korps verlor hier über 15000 Mann und seine gesamte Artillerie, dazu 5 Adler und Fahnen. Vandamme selbst wurde gefangen.

Der glänzende Erfolg von Kulm und Nollendorf beseitigte nicht nur jede Gefahr für den weiteren Rückzug, er hob auch das tief gesunkene Vertrauen in den Reihen und in der Leitung der verbündeten Haupt-Armee.

Und warum hatte der Kaiser Napoleon seinen Führungsfehler nicht wenigstens gleich verbessert, sobald er die wirkliche Richtung des feindlichen Rückzugs erkannte? Er hatte schon am 25. August in Stolpen die Nachricht von einem Mißerfolg seiner Berliner Armee, von der Schlacht bei Großbeeren erhalten, die am 23. August geschlagen worden war. Dann erhielt er am 28. August die Meldung, daß auch Macdonald zwei Tage vorher an der Katzbach eine ernste Niederlage erlitten hatte. Damit war die Lage wesentlich verändert. Von Norden und von Osten her konnten siegreiche Heere des Feindes alsbald in der Nähe der Elbe erscheinen. Eine weitreichende Ausnützung des Sieges von Dresden durch Vorgehen in Richtung auf Prag war nunmehr jedenfalls unmöglich; selbst für einen kurzen Nachstoß auf der Hauptstraße nach

Teplitz wurde die Zeit bereits knapp. Schon ehe die Trauerbotschaft von Kulm und Nollendorf eintraf, mußte der Kaiser sich sagen, daß die Wagschale sich zugunsten der Gegner neigte. Der Zauber der inneren Linie hatte diesmal versagt. —

Es bleibt jetzt noch übrig, in Kürze festzustellen, wie die Entscheidungen von Großbeeren und an der Katzbach zustande gekommen waren.

Bernadotte hatte anfänglich geglaubt, Napoleon in Person als Gegner erwarten zu müssen, und ihm gegenüber hatte er eine methodische Defensive hinter den Wasser- und Luchlinien der nördlichen Mark beabsichtigt, während ein gemischtes Korps unter Wallmoden dem Marschall Davout in Mecklenburg entgegentrat. Als statt Napoleons nur der Marschall Oudinot kam, wurde der Kronprinz kühner. Er ging über die Havel- und Spreelinie vor und stellte sich vorübergehend südlich von Potsdam auf, mit der Absicht, dem auf Berlin vorgehenden Feinde in die linke Flanke zu fallen.

Berlin wird südlich im Abstande von etwa vier Meilen von einem halbkreisförmigen Niederungs-Abschnitt umgeben, der damals ein wirkliches Hindernis war und dessen Übergänge man großenteils befestigt und besetzt hatte. Wenn es gelang, den Gegner hier während des Durchzugs durch die Engwege zu packen und noch dazu in der Flanke, so konnte das wohl von Erfolg sein. Es ist nicht recht klar, warum Bernadotte diesen Gedanken wieder aufgab; vielleicht, weil er an einen Angriff überhaupt nicht ernstlich gedacht hatte. Er zog es bei Annäherung des Feindes jedenfalls vor, sich weiter nach Osten zu verschieben, so daß am 23. August der Marsch Oudinots ziemlich frontal gegen die Aufstellung der Nord-Armee gerichtet war. An diesem Tage wurde Oudinots rechtes Flügelkorps (IV.) durch das nur teilweise anwesende Korps Tauentzien aufgehalten, die Mitte (VII.) stieß auf Bülow, der linke Flügel (XII. und 3. Kavalleriekorps) näherte sich der Aufstellung des schwedischen und russischen Korps.

Französischerseits war für diesen Tag kein Angriff beabsichtigt, und auch Bernadotte glaubte ihn erst am 24. erwarten zu sollen. Als aber Bülows Vortruppen aus Großbeeren (2½ Meilen südlich von Berlin) vertrieben wurden, ging dieser zum Angriff vor und brachte dem feindlichen Korps eine empfindliche Niederlage bei. Leider blieb der Kronprinz ruhiger Zuschauer bei diesem Kampfe und konnte sich nicht zu gleichzeitigem Vorgehen entschließen. Hätte er es getan, so wäre er auf eine Kavallerie- und eine Infanterie-Division der linken feindlichen Kolonne gestoßen, die der Mitte zu Hilfe eilten, und ihre Überwältigung hätte nicht nur den Erfolg Bülows noch vervollständigt, sondern der Mitte und dem linken Flügel des Oudinotschen Heeres zugleich jede Möglichkeit des Vorgehens genommen.

Daß Bernadotte den linken feindlichen Flügel für wesentlich stärker hielt, als er war, kann ihm für seine Unterlassung nicht zur Entschuldigung dienen, denn er selbst stand schlachtbereit in voller Entwicklung, und der Gegner wand sich mühevoll in langer Kolonne durch einen Engweg hindurch. Bernadotte mußte also wissen, daß es sein Vorteil war, wenn er die Spitze der feindlichen Marschkolonne auf den Hauptkörper derselben zurückwarf, daß die Überzahl des Feindes erst dann gefährlich wurde, wenn ihr die Zeit zum langsamen Aufmarsch verblieb. Er hatte sich die Schlacht aber anders gedacht und war — bei günstigster Beurteilung — nicht gewandt genug, um sich rasch in eine andere Lage zu finden. Auch seine Ausnützung des eingetretenen Erfolges blieb weit hinter jeder bescheidenen Erwartung zurück. Jetzt war es die vermeintliche Gefahr einer Flankenbedrohung von Magdeburg her, die ihn am kräftigen Vorgehen hinderte. Diese Sorge ließ erst nach, als am 27. August eine preußische Landwehr-Division bei Hagelberg (4 Meilen südlich von Brandenburg) einen neuen glänzenden Erfolg errungen und den aus Magdeburg vorgegangenen Heerteil des Feindes vernichtend geschlagen hatte. Nun rückte auch der Kronprinz langsam auf Wittenberg vor.

Völlig im Gegensatz zu Bernadottes schwächlichem Verhalten steht Blüchers Auftreten, und man darf die Art und Weise, wie die Schlesische Armee operierte, heute noch als in allen Hauptsachen mustergültig bezeichnen. Die vier Korps Sacken, York, Langeron und St. Priest gingen auf vier Straßen nebeneinander vor, von rechts nach links in der angegebenen Reihenfolge. Die Heeresfront betrug bei breitester Entwicklung sechs Meilen, was für 100000 Mann schon damals nicht zu viel war. Den damaligen Zeitverhältnissen entsprach es auch, daß die beiden stärksten Korps sich in der Mitte befanden, während man es heute vorziehen würde, sie auf den Flügeln zu sehen.

Völlig im Geiste moderner Kriegführung war die Entschiedenheit, mit der große Anstrengungen von den Truppen gefordert wurden. Wer wüßte nicht, daß Napoleons Übergewicht über seine Zeitgenossen zum großen Teil in dem Maß seiner Anforderung an die Leistungen der Truppen lag! Vielleicht hätte man in Anbetracht der naßkalten Witterung auf die äußerst dürftige Bekleidung der preußischen Landwehr etwas Rücksicht nehmen können, indem man sie beim Vormarsch in der ersten Operationswoche grundsätzlich in Quartiere legte. Vielleicht hätte auch eine geschicktere Führungstechnik das rasche Aufeinanderfolgen mehrerer Nachtmärsche vermieden. Die Grundzüge der Gneisenauschen

Tätigkeit als Generalstabschef aber rechtfertigen das höchste Lob, und es bleibt ein dunkler Schatten auf den Verdiensten des eisernen Yorck, daß er auch jetzt wieder gar kein Verständnis für die Bedeutung des Mannes zeigte, dem wir in dieser schweren Zeit so unendlich viel verdanken.

Und Yorck war nicht der einzige, der unzufrieden war. Auch Langeron mißbilligte Blüchers Verfahren und hielt sich, weil ihm der vereinbarte Operationsplan bekannt war, für berechtigt, das Streben des Feldherrn nach vorwärts einigermaßen zu zügeln.

Als Blücher am 21. August umkehrte, um sich dem gefährlichen Schlage Napoleons zu entziehen, da waren natürlich große Anstrengungen nicht zu vermeiden. Gefechte und Nachtmärsche wechselten sich ab, und jetzt wurden Yorck und Langeron wirklich schwierig. Es ist kein Zweifel, daß es, zumal bei der preußischen Landwehr, schlimm aussah, die ein volles Drittel der preußischen Infanterie ausmachte. Es sind tatsächlich viele Hunderte und selbst Tausende in die nahe Heimat gelaufen. Aber jetzt zeigte Blücher, daß das Feldherrntum in erster Linie im Charakter liegt und nicht in der geistigen Begabung. Sobald es ihm zur Gewißheit geworden war, daß Napoleon wieder umgekehrt sei, beschloß er die Schlacht.

Es ist ein durchaus richtiges Bild von der Schlacht an der Katzbach (26. August), wenn man sich Blücher auf dem rechten, südlichen Ufer des angeschwollenen Flusses vergegenwärtigt, kampfbereit abwartend, bis der über den Fluß vorrückende Feind in ansehnlicher Stärke vor ihm steht, und dann rufend: „Nun, Kinder, hab' ich genug Franzosen herüber; nun drauf!" Aber Blüchers herrlicher Entschluß wird noch größer, wenn man weiß, daß er bei seiner ersten Schlachtanlage den Gegner jenseits des Flusses voraussetzte und daß er selbst über die Katzbach vorgehen wollte, um den Feind da anzugreifen, wo er ihn finde. Dieser echten Feldherrnweisheit folgte der glänzende Sieg, und bei rücksichtsloser Verfolgung — die immer noch weit hinter dem Wollen von Blücher und Gneisenau zurückblieb — fehlte es auch nicht an bedeutenden Erfolgen. Zumal am hochgeschwollenen Bober, der den Rückzug des Feindes hemmte, wurden Massen von Gefangenen, Feldzeichen und Geschützen erbeutet. Eine französische Division wurde völlig zertrümmert. Macdonalds Heer hatte furchtbar gelitten.

Durch die Siege von Großbeeren und von Hagelberg, von der Katzbach und von Kulm glich sich für die Verbündeten wieder aus, was bei Dresden versäumt war. Mochte man in ihrer Oberleitung auch noch so entfernt sein von der Erkenntnis, daß „die Vernichtung der feindlichen Streitkraft das Hauptprinzip des Krieges ist und für die ganze Seite des positiven Handelns der Hauptweg zum Ziele": die Preußen sorgten dafür, daß diese Grundwahrheit doch noch zur Geltung kam.

4. Unentschlossenheit auf beiden Seiten.

Napoleon hatte vor dem Eintreffen der Hiobsbotschaft von Kulm schon die ersten einleitenden Schritte getan, um die Garde gegen Bernadotte in Bewegung zu setzen; nach der Vandammeschen Katastrophe zögert er vorübergehend, weil er das sofortige Wiedervorgehen der verbündeten Haupt-Armee erwartet. Da bis zum 2. September nichts derartiges erfolgt, so entschließt er sich zum Aufbruch. Weil aber Macdonalds Meldungen über den Zustand seines Heeres auch sehr ungünstig klingen, so will er vorläufig mit der Hauptheeresreserve (Garde, VI. Armeekorps, 1. Kavalleriekorps) in der Diagonale auf Hoyerswerda*) rücken, um sich erst später über die einzuschlagende Richtung zu entscheiden. Am 2. September sendet er an Ney, der die Berliner Armee von Oudinot übernommen hat, die erforderlichen Verhaltungsregeln.

Danach soll Ney seine Armee aus ihrer Aufstellung dicht nördlich von Wittenberg am 4. in Marsch setzen und am 6. die große Straße Dresden—Berlin bei dem Städtchen Baruth erreichen, das neun Meilen nordöstlich von Wittenberg liegt. Dorthin will ihm der Kaiser ein Korps zur Verfügung zusenden. Dann soll Ney auf Berlin vorgehen; ob in Verbindung mit dem Kaiser, ob allein, das bleibt noch vorbehalten. Bei Erteilung dieser Weisung konnte der Kaiser allerdings nicht wissen, daß er Ney damit einen Flankenmarsch vor dem linken Flügel der Nord-Armee auferlegte, die in breiter Front vor Wittenberg stand. Eben darum hätte die Weisung anders gefaßt sein müssen, so daß sie dem Unterführer mehr Freiheit ließ.

Ney konnte erst am 5. September aufbrechen und bestand an diesem Tage noch ganz nahe bei Wittenberg ein glückliches Gefecht gegen Tauentziens Landwehren, die sich in Richtung auf Jüterbogk**) zurückzogen. Am 6. wollte Ney südlich an Jüterbogk vorbeiziehen, um sich dem vorgeschriebenen Marschziel zu nähern. Seine drei Korps bewegten sich in Gefechtsformation, zum Einschwenken nach der feindlichen Seite bereit. Das vorderste stieß bei Dennewitz in der Nähe von Jüterbogk abermals auf Tauentzien und mußte sich bald gegen Bülows

---

*) 8 Meilen nordöstlich von Dresden.
**) 4 Meilen nordöstlich von Wittenberg.

Eingreifen wehren. Bülows Stoß nötigte den Gegner unbedingt zu ernstem Kampfe; er traf aber auf überlegene Stärke, und die russisch-schwedischen Truppen waren leider noch weit zurück.

Wenn Ney seine Übermacht richtig gebrauchte, konnte es Bülow schlecht ergehen. Aber Ney vertiefte sich ganz in die Kämpfe seines vordersten Korps, und ein unglücklicher Befehl von seiner Seite rief das letzte Korps — Oudinot — gerade in dem Augenblicke dorthin, wo es auf dem anderen Flügel entscheidend zu wirken vermocht hätte. So blieb den Preußen der Sieg, und die gegen Ende der Schlacht eintreffenden Russen und Schweden trugen noch dazu bei, den Abzug des Feindes zu beschleunigen. Bedeutende Teile des französischen Heeres flohen in Richtung auf Torgau. Was Ney zu beherrschen vermochte, das führte er auf Luckau „dem Kaiser entgegen". Statt des Kaisers traf er aber am nächsten Tage eine bisher entsendete Division von Tauenziens Korps und mußte nun — unter abermaligen schweren Verlusten — gleichfalls nach Torgau zurückgehen.

Es war dem Kaiser nicht möglich gewesen, seine Heeresreserven nach Norden zu führen; die Sorge um Macdonald hatte ihn nach Osten, nach Bautzen gezogen. Mit Ingrimm hatte er am 4. September gesehen, in welchem bedenklichen Zustand sich dessen Truppen befanden. Bei Hochkirch*) war er am Nachmittag auf die Blücherschen Avantgarden gestoßen und hatte sie sofort eine Meile weit zurückwerfen lassen. Am 5. war er dem überall weichenden Feinde bis Görlitz gefolgt, hatte dann aber das Rennen aufgegeben und am Morgen des 6. September die Befehle für den Marsch seiner Reserven nach Hoyerswerda erteilt. Und kaum waren sie damit in der Richtung auf Berlin angesetzt, als er sich genötigt sah, ihre Hauptmasse, die Garde und das 1. Kavalleriekorps, wieder abzurufen und nach Dresden zu führen.

Hier war es seit dem 5. September wieder lebhafter zugegangen. Die russisch-preußischen Vortruppen auf dem Gebirgskamm drängten vorwärts, stärkere Kräfte folgten. Erst in der Gegend von Pirna konnte St. Cyr ihnen Halt gebieten. Am 8. zog der Kaiser das Korps Victor (II.) von Freiberg heran, und die Garden gingen von Dresden aus vor. Aber schon vor ihrem Eintreffen wich der Feind wieder in die Berge zurück. Napoleon gewann den Eindruck, daß zwischen den russisch-preußischen Heerteilen an der Hauptstraße nach Teplitz und den Österreichern ein großer Zwischenraum liege und daß man durch Benutzung eines der schlechteren Gebirgswege zu einer Trennung des Gegners gelangen könne. Am 9. September ließ er das XIV. Korps in diesem

---

*) 1½ Meilen östlich Bautzen.

Sinne als Avantgarde vorgehen, das I. (jetzt Lobau) und das II. folgen, während die Garde die Teplitzer Straße einschlug. Am 10. wurde die Kammhöhe erreicht.

Aber wenngleich die Nachricht vorlag, daß die feindliche Haupt-Armee sich durch Entsendungen nach Osten und Westen geschwächt habe, so sah man doch bedeutende Heeresmassen am Fuß des Gebirges stehen, und die nächsten Wege zu ihnen hin wurden als völlig unfahrbar erkannt. Vor allem aber hielt die Nachricht von Dennewitz den Kaiser zurück. Zum zweiten Male hatte die Nord-Armee seine Berechnungen durchkreuzt, und es war nicht unmöglich, daß sie sich jetzt zum Elbe-Übergang entschloß. Ney aber erklärte sich außerstande, aus eigener Kraft das feindliche Vorgehen zu hindern. Unter solchen Umständen war kein ernsthafter Vorstoß nach Böhmen möglich, und der Kaiser kehrte nach Dresden zurück.

Da Ney das rechte Elbe-Ufer völlig aufgegeben hatte, der Fluß aber noch zur Heranziehung von Proviant nach Dresden in Frage kam, erhielt Murat in den nächsten Tagen Befehl, sich mit dem 1. und 5. Kavalleriekorps bei Großenhain*) aufzustellen, wo sich Marmont (VI.) bereits befand. Andererseits wurde das IX. Armeekorps Augereau von Würzburg nach der Saale berufen und eine Garde-Kavallerie-Division aus der Gegend von Dresden dorthin zurückgesandt, um durch beide Maßnahmen den Rücken des Heeres besser gegen die zunehmenden Streifereien der verbündeten Parteigänger zu sichern.

Am 14. September wurden die französischen Vortruppen im Gebirge abermals angegriffen, und gleich am folgenden Tage ging der Kaiser mit dem I. und XIV. Korps sowie zwei Garde-Divisionen abermals zum Angriff über. Schon am 16. kam es zu ernstem Gefecht auf der Teplitzer Straße, durch das die Verbündeten bis auf das Kulmer Schlachtfeld zurückgedrängt wurden. Hätte Schwarzenberg den Mut gefunden, dem Kaiser einen größeren Entwicklungsraum freizugeben, so konnten die Franzosen leicht in einen verderblichen Kampf gegen große Überlegenheit verwickelt werden. Da Schwarzenberg es aber vorzog, den gefürchteten Gegner lieber gar nicht erst aus dem Gebirge herauszulassen, so war Napoleon zur Umkehr gezwungen.

Am 21. September wendete sich der Kaiser zum dritten Male gegen das Blüchersche Heer, das inzwischen mit seinen Vortruppen schon bis auf einen starken Tagemarsch an Dresden herangerückt war. Das Unternehmen war eigentlich nur eine große Erkundung, weil eingegangene Nachrichten einen Rechtsabmarsch Blüchers als wahrscheinlich

---

*) Etwa 3 Meilen nördlich Meißen.

hinstellten. Auch blieb die Garde diesmal zurück. Am 22. und 23. gingen Macdonalds Truppen unter den Augen des Kaisers kräftig vor und warfen Blüchers Vortruppen über Bischofswerda bis in die Gegend von Bautzen zurück. Blücher zog das Gros seines Heeres in eine Stellung hinter Bautzen zusammen und stellte ein nördlich entsendetes Korps (Sacken) zum Angriff in des Feindes linke Flanke bereit. Er war entschlossen, am 24. die Schlacht anzunehmen. Aber Napoleon wagte den Angriff nicht.

Es waren in der letzten Zeit zu viel unangenehme Nachrichten im französischen Hauptquartier eingelaufen. Um die Mitte des Monats September war ein beträchtlicher Teil des verbündeten Beobachtungskorps an der Niederelbe (Wallmoden) bei Dömitz über den Fluß gegangen und hatte an der Göhrde zwischen Dömitz und Lüneburg eine französische Brigade fast völlig aufgerieben. Zu gleicher Zeit wurde der Etappenort Freiberg westlich von Dresden überfallen und seine ganze Besatzung gefangen abgeführt, und in Merseburg mußten 1800 Mann vor den feindlichen Parteigängern kapitulieren. Am 21. September sollte der Elbe-Übergang der Nord-Armee bei Roßlau seinen Anfang genommen haben — was sich nachher nicht bestätigte —, und am 22. wurde ein Brückenbau an der Elstermündung festgestellt. So wurde es klar, daß das rechte Elbe-Ufer nicht mehr zu halten war, und am 24. hat der Kaiser den Rückzug beschlossen.

Macdonalds Bober-Armee stellte sich nunmehr bei Dresden auf; das 5. Kavalleriekorps blieb bei Meißen. Das VI. Korps und 1. Kavalleriekorps kamen unter Marmont nach Torgau, während Ney mit dem IV. und VII. Korps sowie dem 3. Kavalleriekorps in die Gegend von Wittenberg zu rücken hatte. Um diese beiden Armeekorps wieder lebensfähig zu machen, war das XII. Armeekorps aufgelöst worden. Auf der Südfront gegen das Erzgebirge standen wie bisher das I., II. und XIV. Korps. Westlich von ihnen kamen aber nunmehr außer der Leipziger Division und einer Reiter-Division der Garde noch das ganze Korps Poniatowski (VIII.) und das 4. Kavalleriekorps zur Verwendung.

Die Kopfstärken des Heeres waren erheblich gesunken. Die Gesamtsumme aller bisherigen Abgänge betrug 140—150000 Mann, der Nachschub und die Verstärkungen aber haben 30000 Mann nicht überstiegen. Immerhin blieb der Kaiser Napoleon im freien Felde noch an der Spitze von 270000 Mann.*) —

---

*) In dieser Zahl sind die im Lager von Dresden stehenden Feldtruppen mit einbegriffen.

Nachdem sich die Truppen der Böhmischen Haupt-Armee einigermaßen von den Anstrengungen der Dresdener Tage erholt hatten, mußte bei deren Führung die Frage auftauchen, was weiter zu tun sei. Sie wurde im allgemeinen dahin beantwortet, daß man an der weisen Zurückhaltung festhalten solle, die durch die Reichenbacher Abmachungen anerkannt war. Trotz aller schweren Verluste, die der Feind bereits erlitten haben mußte, hielt man die stärkste Armee der Verbündeten für zu schwach, um als entscheidender Machtfaktor aufzutreten. An eine geschicktere Erneuerung des beinahe geglückten Angriffs auf Dresden dachte man nicht; höchstens die Wegnahme der Verschanzungen bei Pirna hielt man für möglich, sobald sich der Kaiser von Dresden entfernte. Bei einem Vorgehen Napoleons gegen die Nord-Armee sollte ein Versuch nach dieser Richtung die einzige Hilfe sein, die man wagen könnte. Rückte der Kaiser aber gegen die Schlesische Armee, so wollte Schwarzenberg mit 50—60000 Österreichern nach der Gegend von Zittau marschieren, um Blücher zu entlasten. In der Tat ein merkwürdiger Gedanke! Der Feldherr, der 180000 Mann für zu wenig gehalten hatte, um des Kaisers 120000 zu bekämpfen, der würde mit 60000 Mann schwerlich etwas gegen ihn ausgerichtet haben. Es wäre aber dem Kaiser sicher gerade recht gewesen, wenn man ihm diese 60000 Mann vereinzelt auf den Weg gestellt hätte, der von der Lausitz aus nach Prag führt.

Man hat zur Entschuldigung der Schwarzenbergischen Strategie angeführt, daß von Polen her noch die 60000 Mann starke Reserve-Armee unter Bennigsen*) zu erwarten war, und daß es somit wohlbegründet gewesen sei, jede Entscheidung bis zu ihrem Eintreffen zu verschieben. Aber abgesehen davon, daß man augenscheinlich nicht besonders bestrebt war, den Marsch Bennigsens zu beschleunigen: durfte man von einem Gegner wie Napoleon wohl erwarten, daß auch er eine Zeit von mehreren Wochen ungenützt verstreichen ließ? Sicherlich nicht.

Wir haben vorher gesehen, durch welche Umstände die Katastrophe von Dennewitz zustande kam. Nun vergegenwärtige man sich, daß Napoleon die damals schwebende Frage sehr wohl auch anders zu lösen vermochte. Er konnte beispielsweise in den ersten Septembertagen die Bober-Armee durch das VI. Korps und das 5. Kavalleriekorps so verstärken, daß er auf dieser Seite zunächst nichts zu befürchten brauchte, und konnte gleichzeitig seine Garden und das 1. Kavalleriekorps auf beiden Seiten der Elbe nach Torgau und von da in Richtung auf Jüterbogk vorführen, so daß die Vereinigung mit der Berliner

---

*) Darunter 13—14000 Mann sehr schlecht ausgerüstete russische Milizen.

Armee völlig sichergestellt war, ehe es zur Schlacht kam. Dann konnte vielleicht schon am 6. September die Niederlage Bernadottes eine niederschmetternde Antwort auf die Frage geben, ob Schwarzenberg zum ruhigen Abwarten mit demonstrativen Bewegungen berechtigt war. Man werfe nicht ein, daß Bernadotte ja verpflichtet gewesen sei, einem solchen Angriff auszuweichen! Wollen und Können sind zwei grundverschiedene Dinge, und Rückzugsmanöver gehören zu den allerschwierigsten Aufgaben der Truppenführung, die leicht mißlingen. Das gilt ganz besonders, wenn der Angriff schon durch seine Richtung den Rückzug bedroht.

Aber im Schwarzenbergischen Hauptquartier war man nicht nur weit davon entfernt, etwas Entscheidendes und Kräftiges für den Fortgang der Kriegshandlung zu tun, die Sorge vor dem großen Gegner führte sogar zu höchst bedenklichen Schritten, nämlich zu dem Versuch, gerade den entschlußfreudigsten unter allen verbündeten Führern, den Hauptträger des Angriffsgedankens, in das gleiche Netz strategischer Vorsicht und Zurückhaltung hineinzuziehen.

Schon zwischen den Ereignissen von Dresden und von Kulm hatte Schwarzenberg an Blücher geschrieben und ihn ersucht, mit 50000 Mann nach Böhmen herüberzukommen. Das war damals nicht unberechtigt, weil eine große Offensive Napoleons gegen die Böhmische Armee zu befürchten war. Nur würde sich Blücher schwerlich zur Teilung seines Heeres entschlossen haben, er wäre nötigenfalls mit der ganzen Masse gekommen. Nach dem Erfolge von Kulm schien der Gedanke zunächst überwunden zu sein; er tauchte aber bald wieder auf, und man wußte ihn auch bei den Monarchen von Rußland und Preußen zur Geltung zu bringen. Glücklicherweise überließ aber König Friedrich Wilhelm doch dem alten Helden selbst die Entscheidung der schwerwiegenden Frage. Und Blücher vertrat mit großem Geschick einen verwandten und doch ganz anderen Gedanken: er wollte nicht nach links, sondern nach rechts abmarschieren, um, mit dem Kronprinzen von Schweden vereint, den Elbe-Übergang zu erzwingen.

Das wurde genehmigt. Blücher mußte nur so lange noch in dem bisherigen Verhältnis bleiben, bis unter seinem Schutz der Anmarsch Bennigsens erfolgt war. Dieser war am Schluß des August an der Oder eingetroffen und hatte hier eine längere Ruhepause eingelegt, ehe er den Marsch über Görlitz fortsetzte. Um den 20. September konnte er in Zittau sein, einige Tage später die Elbe erreichen. Erst dann durfte Blücher die Straße nach Schlesien räumen.

Mit der Annäherung Bennigsens an die Elbe war der Müßiggang der Haupt-Armee nicht länger zu rechtfertigen. Damit etwas geschehe, machte Radetzky, der Stabschef Schwarzenbergs, am 22. September den wahrhaft ungeheuerlichen Vorschlag, mit der Haupt-Armee in 15 Märschen über Hof nach Bayreuth zu rücken. Wie Napoleon über ein derartiges Manöver dachte, haben wir schon früher gesehen (S. 51). Er würde den Verbündeten schnell genug gezeigt haben, wo die Entscheidung lag.

Man begreift nicht, wie Radetzky in der Fülle seiner Manneskraft so unter der Herrschaft einer mattherzigen Theorie stehen konnte, derselbe Mann, der 35 Jahre später als achtzigjähriger Greis zum wahrhaft kühnen und wagemutigen Feldherrn wurde. Glücklicherweise fand dieser Vorschlag doch kein Gehör. Man begnügte sich im Teplitzer Kriegsrat, die Richtung auf Chemnitz wieder aufzunehmen, die schon für die allerersten Schritte der Böhmischen Armee maßgebend gewesen war. Eine unendlich schwerfällige und umständliche Flankenbewegung hinter dem Erzgebirge mußte zur Einleitung dienen.

5. Der Kampf um die Elbe-Linie.

Bald nach dem Siege von Dennewitz war Bülow durch den Kronprinzen von Schweden mit der Belagerung von Wittenberg beauftragt worden, zu der aus Spandau einige wenige Mörser und mittlere Haubitzen herangezogen wurden. Bei der Geringfügigkeit dieser Mittel war ein schneller Erfolg natürlich nicht zu erwarten. Um die Festung vom linken Stromufer abzuschließen und zur Vorbereitung des Elbe-Überganges ließ der Kronprinz um die Mitte des Monats den Brückenbau an drei Stellen beginnen: oberhalb an der Elstermündung, unterhalb bei Roßlau und Aken.*) An der Elstermündung**) und bei Roßlau war die Brückenstelle vom rechten Ufer aus gut zu beherrschen, und zumal bei Roßlau gelang es, in aller Stille eine starke Verschanzung zum Schutz der Brücke herzustellen und zu besetzen. Ney hielt sich um diese Zeit in Höhe von Torgau und war mit der Neubildung seines Heeres vollauf beschäftigt; er machte nicht einmal den Versuch, den Unternehmungen der russisch-preußischen Parteigänger zu wehren, die weithin das Land durchstreiften.

Diese Parteigänger haben damals Erstaunliches geleistet, am meisten Tschernitschew, der am 24. September mit 2500 Reitern und

---

*) Roßlau 4, Aken 6 Meilen unterhalb Wittenberg.

**) Die Schwarze Elster, rechter Nebenfluß der Elbe, im Gegensatz zu der Elster, welche oberhalb Halle in die Saale mündet.

4 Geschützen von Bernburg an der Saale aufbrach und am 1. Oktober in Kassel das Königreich Westfalen auflöste. Er mußte zwar am 4. Oktober wieder umkehren, weil ihm der Kronprinz nur zwei Wochen Zeit für seinen Zug in die Ferne bewilligt hatte, er führte aber 2000 Gefangene und 30 Geschütze mit zurück, und der moralische Eindruck seines Erfolges war von allerhöchster Bedeutung.

Am 21. September war Ney durch die — unrichtige — Meldung aufgeschreckt worden, daß die Armee des Kronprinzen bei Roßlau im vollen Übergange begriffen sei. Er setzte seine Truppen sofort auf Wittenberg in Marsch und schwankte dann mehrere Tage ziemlich ratlos zwischen den beiden Punkten oberhalb und unterhalb des Platzes hin und her, wo ein feindlicher Übergang möglich erschien. Am 24. schlugen sich preußische Vortruppen sehr wacker bei dem Dorfe Wartenburg gegenüber der Elstermündung. Am 25. stellte Ney seine ganze Armee-Abteilung bei diesem Dorfe zur Schlacht bereit; der Kronprinz aber ließ die Brücke abbrechen. Am 28. vertreibt Ney — wieder mit der ganzen Armee — die schwedischen Vortruppen aus Dessau und muß sich am 29. überzeugen, daß der Brückenkopf von Roßlau nicht zu erstürmen ist. Am 30. sieht er sich veranlaßt, eine Division nach Wartenburg zurückzusenden, und am 2. Oktober läßt er ihr den Rest des IV. Armeekorps folgen. Bertrand kann aber nicht mehr verhindern, daß Blücher hier am 3. Oktober den Übergang erzwingt.

Als Blücher zuerst den Elbe-Übergang erwog, da hatte er die Gegend von Mühlberg, südöstlich von Torgau, ins Auge gefaßt. Sie lag seiner bisherigen Bewegungslinie nahe, und ein Übergang an dieser Stelle war darum auch besonders geeignet, die Operationen der Haupt-Armee zu unterstützen. Dieser Gedanke war aber anderseits nur ausführbar bei wirklich tätigem Verhalten der Haupt-Armee, er war allzu gefährlich, wenn man auf dem linken Flügel der Verbündeten durchaus gar nichts tun wollte. So wurde in Übereinstimmung mit dem Kronprinzen von Schweden die Elstermündung für den Übergang gewählt.

Um die Zeit von Blüchers Abmarsch aus der Gegend von Bautzen (26. Sept.) stand Murat noch mit einem Infanterie- und zwei Kavalleriekorps in der Gegend von Großenhain, so daß Blücher seine ersten Schritte darauf anlegen mußte, ihn zu vertreiben. Die Räumung des rechten Elbe-Ufers seitens der Franzosen verhinderte diesen Kampf. Die Mitteilung von dem Abbrechen der Brücke an der Elstermündung ließ dann vorübergehend den Mühlberger Plan aufs neue auftauchen. Am 30. September aber kam die Nachricht, daß die Brücke wiederhergestellt werde, und nun wurde in zwei Eilmärschen das Schlesische

Heer dorthin geführt. Da der Feind es verabsäumte, rechtzeitig mit ausreichender Kraft bis an die Brückenstelle vorzubringen, so gelang es, bis zum 3. Oktober zwei Brücken herzustellen und an diesem Tage in rascher Folge erst das Korps Yorck, dann das Korps Langeron auf das linke Ufer zu werfen.

Das Treffen von Wartenburg ist ein besonderer Ruhmestitel des Yorckschen Korps geworden, weil man wider Erwarten auf dem feindlichen Ufer in Höhe von Wartenburg eine sehr starke Stellung fand, in der sich das IV. französische Korps mit Zähigkeit schlug. Es wurde den ganzen Tag gefochten, und es mußten schwere Opfer gebracht werden, bis der Sieg errungen war.

Aber die Folgen der kühnen Tat waren auch bedeutend. Gleich am folgenden Tag überschritt der Kronprinz die Elbe bei Roßlau, um vereint mit Blücher dem Feinde entgegenzutreten. Wie er seinen starken Brückenkopf bei Roßlau hatte, so wollte Blücher sich einen solchen bei Wartenburg schaffen. Kam der Gegner mit Übermacht, so sollte das unmittelbar angegriffene Heer sich in seinen Brückenkopf zurückziehen, das andere Heer sich gegen Flanke und Rücken des Angreifers wenden. Eine gewisse Vorsicht mußte auch Blücher in der gegenwärtigen Lage als vollberechtigt anerkennen.

So rückten die beiden Heere in den nächsten Tagen langsam in der allgemeinen Richtung auf Leipzig vor, Blücher auf dem rechten Mulde-Ufer in der breiten Operationsfront, die sich bisher so trefflich bewährt hatte, Bernadotte auf dem linken Ufer der Mulde in enger Versammlung. Ney wich vor ihnen zurück und zog zunächst das VI. Korps und 1. Kavalleriekorps an sich heran.

Und jetzt kam der Gegenzug des Kaisers! Auf ein solches Ereignis hatte Napoleon lange gewartet, und rasch waren seine Entschlüsse gefaßt. Er übergab Murat den Befehl über das II., V. und VIII. Armeekorps sowie über das 4. und 5. Kavalleriekorps, um westlich von Dresden und südlich von Leipzig das Vordringen der feindlichen Haupt-Armee zu hindern. Vorübergehend war er im Zweifel, ob er das Lager von Dresden räumen oder festhalten solle; dann entschloß er sich in letzterem Sinne und ließ St. Cyr mit dem I. und XIV. Armeekorps, zusammen 30000 Mann, als Besatzung dort stehen. Er selbst mit der Garde, dem III. und XI. Armeekorps rückte elbabwärts dem Feinde entgegen. Am 8. Oktober ballten sich in der Gegend von Wurzen (3 Meilen östlich von Leipzig) die Massen zusammen, die Blücher zu zerschmettern bestimmt waren. Es waren nicht mehr als 150 000 Mann, denen Blücher nur 60 000 entgegenzusetzen vermochte, und es konnte im Falle des Zusammenstoßes gar kein Zweifel über den Ausgang bestehen, um so weniger, als die

Aufstellung des Schlesischen Heeres mit der Front nach Leipzig dem französischen Anmarsch gerade die Flanke bot. Glücklicherweise waren im Blücherschen Hauptquartier noch rechtzeitig Zweifel entstanden, ob die letzten Abmachungen mit dem Kronprinzen wirklich zweckmäßig seien. War auf ein angriffsweises Verhalten von dessen Seite wirklich zu hoffen, wenn Blücher auf Wartenburg zurückgehen mußte? In erneuten Verhandlungen wurde in der Nacht vom 8. zum 9. September vereinbart, daß das Schlesische Heer zunächst auch auf das linke Mulde-Ufer übertreten solle, von wo aus die beiden verbündeten Heere noch weiter nach Westen ausweichen konnten, nötigenfalls bis jenseits der Saale. Und glücklicherweise hatte Blücher am 9. mittags die betreffenden Befehle bereits gegeben, als Napoleons Massen herankamen. So entkam man mit blauem Auge der großen Gefahr. Daß aber auch das linke Flügelkorps Sacken noch glücklich davonkam, verdankte es nur der unübersichtlichen Waldgegend und der Unaufmerksamkeit der französischen Reiter.

Dann folgen höchst merkwürdige Tage, bei deren Betrachtung das Wort „quem Deus perdere vult, dementat" sich wieder und wieder herandrängt. Der große Feldherr, dessen wunderbarer Scharfblick in der Beurteilung kriegerischer Verhältnisse Staunen und Bewunderung erregt, dessen durchdringendes Erkennen der Zustände beim Feinde oft an Hellseherei grenzt, — er tappt hier drei, vier Tage lang völlig im Dunkeln und kann sich kein Bild davon machen, was die Gegner wirklich getan.

Zuerst läßt er Blücher in Richtung auf Wartenburg suchen, dann in Richtung auf Dessau, wo die Besatzung von Tauentziens Korps schwere Verluste erleidet. Dann schickt der Kaiser bedeutende Kräfte bei Wittenberg über die Elbe, um jenseits auf Roßlau und Aken vorzudringen. Sie treiben die preußischen Blockadetruppen, die vor Wittenberg gestanden, vor sich her und zwingen Tauentzien, die Brücke von Roßlau zu zerstören und nach Norden auszuweichen. Da Tauentzien die Masse der Bagagen und Trains der Nord-Armee mitführt, so glauben die Franzosen, daß der Kern dieses Heeres hier vor ihnen weiche.

Inzwischen hatte Blücher das Äußerste getan, um den Kronprinzen von Schweden zu kräftigem Handeln zu veranlassen. Noch am 9. Oktober, unmittelbar nachdem er selbst der Vernichtung entgangen war, machte er Bernadotte den Vorschlag, sein Heer in eine von Natur starke Stellung nahe bei Halle auf der Straße nach Leipzig zu führen. Blücher wollte sich einen Tagemarsch nördlich davon im freien Felde aufstellen, wo die zahlreiche Reiterei gut zu verwenden war. Wenn beide Heere zusammenwirkten, so waren sie nicht viel schwächer als der Kaiser, und dann hätte Blücher die Schlacht sicher gewagt. Ließen die Umstände hingegen den Kampf nicht ratsam erscheinen, so konnte man von dort aus leicht hinter die Saale zurücktreten.

Mit solchen Vorschlägen vermochte Blücher freilich nicht durchzubringen. Der Kronprinz war durch den Vorstoß Napoleons in die höchste Aufregung versetzt und nahm anfänglich den Abmarsch in nordwestlicher Richtung über die unterste Saale in Aussicht. Von dort gedachte er gegebenenfalls westlich an Magdeburg vorbeizugehen und nördlich der Festung wieder auf das rechte Elbe-Ufer zurückzukehren. Da er auf dem Zurückgehen hinter die Saale unbedingt bestand und seine eigene Aufstellung auch möglichst fern von Leipzig nehmen wollte, so übernahm Blücher ohne weiteres die gefährlichere und schwierigere Aufgabe, zog am 11. Oktober vor der Front der Nord-Armee vorbei nach Halle und sandte von hier seine Fühler aus, um saalaufwärts mit dem linken Flügel des Böhmischen Heeres in geregelte Verbindung zu treten.

Am 12. und 13. Oktober trafen in rascher Folge die Nachrichten ein, welche den Verlust von Dessau und den Vorstoß starker feindlicher Kräfte auf das rechte Elbe-Ufer meldeten, und jetzt war des Kronprinzen Vertrauen auf einen guten Ausgang völlig geschwunden. Er beschloß, mit größter Beschleunigung bei Aken über die Elbe zurückzugehen, ein Unternehmen, das bei der Nähe des Kaisers tatsächlich im höchsten Grade gefährlich geworden wäre — eine Tollkühnheit aus Sorge vor Gefahr. Und Bernadotte griff ferner auf eine frühere mündliche Zusage des Kaisers Alexander zurück, nahm den Oberbefehl über das Schlesische Heer in Anspruch und verlangte von Blücher, daß er ihm folge.

Aber Blücher folgte ihm nicht. Er sah im Geiste die langersehnte Entscheidung auf den Ebenen von Leipzig heranreifen und er wollte dabei sein. Er wies in seiner Antwort auf die großen Gefahren hin, denen die Nord-Armee sich aussetzen werde, und erklärte, daß er selbst sich nunmehr der Haupt-Armee anschließen müsse.

Denn die Haupt-Armee war wirklich in der Nähe. Sie hatte ein Armeekorps der Österreicher — die jetzt in fünf Korps eingeteilt waren — vor Dresden bei Bennigsen zurückgelassen und war mit 160000 Mann am 27. September aufgebrochen. Sie hatte 17 Tage gebraucht, um einen Tagemarsch südlich von Leipzig zu erscheinen, bis wohin die gerade Entfernung vom Südfuß des Erzgebirges nur 14 Meilen beträgt. Gegenübergestanden hatten ihr 45000 Mann, eigentlich nur eben genug, um einen Feind zu markieren. Aber es war trotz mehrfacher Gefechte keineswegs gelungen, diesen Feind zu überwinden, schon aus dem einfachen Grunde, weil es gar nicht versucht wurde.

Man kann diese Operationen Schwarzenbergs im westlichen Sachsen nur als eine höchst mangelhafte Feldherrnleistung bezeichnen, die auch jeder vernünftigen Auslegung der Reichenbacher Vereinbarungen schnurstracks entgegen war. Denn wenn Schwarzenberg nur einigermaßen die Augen aufmachte, d. h. wenn er seine Reitermassen in der Weise gebrauchte, wie Napoleon es gelehrt hatte, dann mußte er sofort erkennen, wie schwach der Feind war, der ihm gegenüberstand, und dann mußte er ihn schlagen, um die Gesamtkraft des Feindes zu verringern. Und vom 9. Oktober ab fällt auch die letzte Berechtigung zu der Annahme fort, daß Napoleon sich vielleicht doch in der Nähe befinden könnte. An diesem Tage weiß Schwarzenberg, daß der Kaiser sich nach Norden gewendet hat, er muß also für Blücher fürchten, dessen Stellung an der Mulde ihm bekannt ist, und er muß ihn entlasten, wenn anders er dem Kriegsplan entsprechen will.

Wenn der Führer des Böhmischen Heeres sich jetzt damit beruhigte, daß Napoleon jedenfalls nur die Versammlung bei Leipzig bezwecke, so ist das ein treffendes Beispiel jener gewandten Sophistik, womit der Mensch seine Schwäche zu beschönigen weiß. Wie glänzend hätte Schwarzenberg die Krisis lösen können, die für Blücher und Bernadotte damals entstanden war! Wenn er seine Truppen bereit hatte und einen mannhaften Entschluß fand, dann war am 10. Oktober ein entscheidender Sieg bei Borna (3 Meilen südsüdöstlich von Leipzig) die rechte Antwort auf Napoleons Marsch gegen Blücher. Dann hätte der Kaiser am 11. bereits daran denken müssen, die Trümmer des Muratschen Heeres aufzunehmen, dann fiel Leipzig an diesem Tage in die Hand der Verbündeten, und Augereaus IX. Armeekorps, das am 10. Oktober Weißenfels erreicht hatte, wäre noch im letzten Augenblick verhindert worden, sich der Großen Armee anzuschließen. Dann war zugleich die Vereinigung der Haupt-Armee mit Blücher und Bernadotte bereits vollzogen und man konnte dem Kaiser mit beinahe doppelter Stärke begegnen.

Was aber am 10. Oktober unterlassen war, das hätte mit gleichen Vorteilen am 11., 12. und 13. Oktober noch immer ausgeführt werden können und daher ausgeführt werden müssen. Ja, selbst am 14. Oktober, wo ein großes Reitergefecht bei Liebertwolkwitz (1 Meile südöstlich von Leipzig) stattfand, war es dafür noch nicht zu spät.

Die versäumte Schlacht gegen den König von Neapel im Süden von Leipzig ist ein schwerer Vorwurf für den Feldherrn der Verbündeten, der dafür voll und ganz die Verantwortung trägt.

6. Die Völkerschlacht bei Leipzig.

Napoleon hatte die Tage vom 10. bis 14. Oktober für seine Person im alten Schlosse zu Düben (halbwegs zwischen Leipzig und Wittenberg) zugebracht und im Warten auf die Klärung der Verhältnisse an der Elbe und Mulde zugleich die ganze politische und strategische Lage vor seinem Geiste vorüberziehen lassen. Wenn er sich veranlaßt sah, zur Verfolgung von Blücher und Bernadotte auf das rechte Elbe-Ufer überzugehen, dann wurde wahrscheinlich Murat aus Leipzig verdrängt und zum Nachfolgen über den Strom gezwungen. Der Kaiser war entschlossen, in diesem Falle aus der Not eine Tugend zu machen, „Berlin einen Besuch abzustatten" und alles, was vom Feinde rechts von der Elbe war, nach Möglichkeit zu zerstreuen. Demnächst würde er wohl die Besatzungen der mittleren Elbe, von Dresden, Torgau und Wittenberg, an sich herangezogen haben, desgleichen auch die der näherliegenden Oberfestungen Stettin und Küstrin, um später durch Magdeburg hindurch wieder auf das linke Ufer der Elbe zurückzukehren.

Bei solchem Verhalten ging die Verbindung über Erfurt nach Mainz natürlich völlig verloren, zumal da Bayern im Begriff stand, das Bündnis mit Frankreich aufzugeben und sich den Gegnern anzuschließen. Der Kaiser mußte dann seine Verbindung durch Norddeutschland nach Wesel legen, und es war gewiß keine leichte Aufgabe, wenn er mit südlicher Front und mit der Verbindung in der rechten Flanke den Krieg fortzuführen hatte. Aber wenn die Festungsbesatzungen seinem Heere neue Kraft zuführten, dann brauchte er auch vor dieser Aufgabe nicht zurückzuschrecken.

Am 13. Oktober kam der Kaiser zu der Gewißheit, daß ihm die gesuchten Feinde entschlüpft waren, daß aber die feindliche Haupt-Armee nun endlich in wirklicher Reichweite stand. Trotz aller Langsamkeit ihrer Vorbewegung war der Abstand von ihren schützenden Bergpässen allmählich so groß geworden, daß ein rasches Verschwinden ausgeschlossen war. Da kehrte der Kaiser um, um die Schlacht bei Leipzig zu schlagen. In ununterbrochenem Zuge, bei Tag und bei Nacht, drängen sich von da an seine Scharen über die Muldebrücke bei Düben und eilen nach Leipzig heran. Aus den zuerst eintreffenden Truppen wird an der Straße nach Halle eine Rückendeckung gegen Blücher gebildet, mit den Hauptmassen soll bis zum 16. früh das Muratsche Heer gewaltig verstärkt werden. Das letzte Korps (VII.) kann erst später das Schlachtfeld erreichen. Eine große Zahl von Fuhrwerkskolonnen muß ganz zurückbleiben, weil die Brücke von Düben ständig durch

Truppen beansprucht wird. Sie biegen unter Bedeckung seitlich nach Eilenburg aus und harren hier der Entscheidung; sie gehen dann später nach Torgau zurück. — Die Frage, ob Schwarzenberg überhaupt eine Hauptschlacht gegen Napoleon gewollt hat, ist nicht mit voller Sicherheit zu beantworten. Nach einer Disposition, die am 13. Oktober ausgegeben wurde, beabsichtigte er damals, die Gesamtheit der verbündeten Streitkräfte unter abermaliger Linksschiebung der Haupt-Armee in einem großen Halbkreise aufzustellen, der von Halle über Merseburg, Weißenfels, Zeitz, Altenburg nach den beiden Straßen laufen sollte, die von Dresden nach Leipzig führen und auf welchen jetzt das bisher zurückgebliebene österreichische Korps Colloredo und die größere Hälfte von Bennigsens Truppen im Anmarsch waren. „In dieser Stellung müssen wir — so sagt Schwarzenberg —, wenn uns der Feind Zeit dazu läßt, selbst den General v. Bennigsen erwarten und dann mit der größten Sicherheit und vollkommenster Übereinstimmung aller Armeen nach und nach täglich mehr und mehr Terrain zu gewinnen suchen. . . . Dem Kaiser Napoleon bleibt nichts anderes übrig, als sich auf die eine oder andere Weise durchzuschlagen; wir aber haben keine andere Disposition, als vereint auf den Punkt loszugehen, den er angreift und der sich so gut und so lange verteidigen muß wie möglich. Dieses wird bei der genauen Verbindung der Armeen untereinander um so möglicher, je enger der Kreis wird, den wir nach und nach um ihn bilden."

Eine wirkliche, klare Anordnung für den Angriff ist das selbstverständlich nicht. Ein warmer Verehrer Schwarzenbergs*) will dagegen darin die sehr bestimmte und durchaus zweckentsprechende Vorbereitung zur Defensiv-Offensive, zur Verteidigung mit Nachstoß erkennen. Vom Standpunkte der Truppenführung muß die Zweckmäßigkeit dieser Maßnahmen aber entschieden bestritten werden.

Bei Leipzig biegt die Elster aus südnördlicher Richtung in die ostwestliche um; zugleich mündet dort von Südosten her die Pleiße in spitzem Winkel ein, und von Nordosten kommt, gleichfalls auf dem rechten Elster-Ufer, die Parthe als Nebenfluß heran. Alle diese Gewässer sind damals infolge der anhaltend nassen Witterung wirkliche Hindernisse gewesen; Elster und Pleiße fließen außerdem in breiten Niederungen, die zu jener Zeit auf weite Strecken hin sumpfig waren. Das Kampffeld um Leipzig wurde also durch seine Wasserläufe in vier Abschnitte geteilt, die eine wechselseitige Unterstützung der auf dem äußeren Umkreis stehenden Heere ungemein schwierig machten. Die

---

*) Dr. Otto Kaulfuß, Die Strategie Schwarzenbergs am 13., 14. und 15. Oktober 1813. Berlin 1902.

Verbündeten haben das in den Tagen der Völkerschlacht sehr zu ihrem Nachteil erfahren müssen.

Bei solcher Sachlage hatte der große Schlachtenmeister im Innern des Kreises die allersicherste Aussicht, auf einem der vier Schlachtfelder eine Hauptentscheidung, einen vernichtenden Sieg zu erringen, ehe die Heere der Verbündeten auf den anderen Kampffeldern ihn daran zu hindern vermochten. Hier könnte eingeworfen werden, daß dann der angegriffene Heerteil der Verbündeten so lange ausweichen mußte, bis die Hilfe der Nachbarn gesichert war. Das Mittel des Ausweichens ist ja bei den großen Heeresoperationen jener Zeit wiederholt mit Erfolg angewendet worden, seine Anwendbarkeit ist aber keine unbegrenzte. Wenn sich die Dinge so zugespitzt haben wie in den Leipziger Tagen, dann ist es schon aus dem Grunde sehr schwer zu handhaben, weil die Heeresmassen beider Parteien ganz nahe beieinander stehen, weil derjenige, der zum Angriff schreitet, also auch mit seinen Maßnahmen sehr viel leichter zu überraschen und zu täuschen vermag, als wenn große Räume die Parteien trennen. Selbst heute, wo eine über viele Meilen ausgedehnte Schlachtlinie überall mit dem Telegraphen ausgestattet ist, der innerhalb von wenigen Minuten die Meldung und den Befehl, die Frage und die Antwort zu übermitteln vermag, selbst in der Gegenwart würde die Durchführung der Schwarzenbergischen Defensiv-Offensive als eine sehr schwierige Aufgabe erscheinen, bei deren Lösung dem Zufall und der individuellen Auffassung der Unterführer notgedrungen ein sehr viel größerer Spielraum bleibt als bei klarem und entschlossenem Angriffsverfahren.

Bedenkt man die damaligen Schwierigkeiten für die Verbindung der Kommandobehörden, so kann kein Zweifel darüber bestehen, daß es für die Verbündeten nur eine wirklich zweckmäßige Art gab, ihre große Überlegenheit zur Wirkung zu bringen, den rückhaltlosen Angriff mit allen Kräften.

Im allseitigen Vordringen auf Leipzig lag der einfachste und sicherste Weg zum Erfolge, zumal wenn man die Hauptmassen in den beiden Abschnitten auf dem rechten Ufer von Pleiße und Elster vereinigte, wo das Gelände ihren Gebrauch in der Schlacht am meisten begünstigte. Und daß Schwarzenberg gerade diese Abschnitte in seiner Disposition mit den verhältnismäßig geringsten Truppenmassen ausstatten wollte, das spricht nicht dafür, daß der Gedanke der Schlacht ihn geleitet hat. Es ist auch ein Mißgeschick für Schwarzenberg, daß seine halbkreisförmige Aufstellung um Leipzig herum eine ganz ausgesprochene Ähnlichkeit mit der Figur zeigt, in der Heinrich v. Bülow, dieser schlachtenvermeidende Manöverstratege, geradezu das Ideal seiner

Strategie sieht, „weil der Gegner innerhalb eines solchen Bogens keine haltbare Stellung nehmen kann und sich in einem Sack befindet, den man zuschnüren kann".*) Diese Ähnlichkeit mit Bülowschen Gedanken wird um so größer, wenn man die Bestimmungen beachtet, die Schwarzenberg in jenen Tagen der Entscheidung bei verschiedenen Gelegenheiten für den etwaigen Rückzug der Heere gegeben hat. Sie lassen die Heerteile nach allen Richtungen der Windrose auseinandergehen und führen damit einen Zustand herbei, der dem siegreichen Kaiser Napoleon die Ausnutzung seines Sieges im höchsten Grade erleichtert haben würde. Heutzutage, wo die konzentrische Feuerwirkung des Gegners die größte aller Gefahren bildet, mag es wohl ein zweckmäßiger Grundsatz sein, sich im Falle der Niederlage vor allem vor übertriebener Massenbildung zu hüten, in der man so leicht umklammert werden kann. Damals lagen die Dinge noch wesentlich anders, und einem verfolgenden Napoleon gegenüber war das Zusammenschließen zweifellos besser als das Auseinanderlaufen.

Nach Heinrich v. Bülows Theorie entscheiden aber die Schlachten überhaupt nichts und es kommt ausschließlich darauf an, die Subsistenz des Gegners zu bekämpfen. Nur diesen Kampf hat er im Sinn, wenn er das Vorgehen gegen Flanke und Rücken des Feindes empfiehlt. Wenn man Schwarzenbergs Taten mit Heinrich v. Bülows Theorie vergleicht, so wird man schwerlich umhin können, in der letzteren den Schlüssel für alles das zu finden, was uns bei den ersteren unverständlich bleibt. Seitdem Schwarzenberg des Übertrittes von Bayern sicher war, fiel das letzte Bedenken weg, sich mit den Hauptkräften in verwandter Front quer über die Hauptverbindung und kürzeste Rückzugslinie des Gegners aufzustellen. Griff der Feind ihn hier an, so war er gewiß entschlossen, das möglichste zu tun, um auch taktisch einen glücklichen Ausgang herbeizuführen. Zum Angriff mit 300000 Mann gegen 200000 war er aber anscheinend durchaus nicht entschlossen, und wenn Napoleon die Schlacht vermeiden wollte, so hätte Schwarzenberg sie ihm schwerlich aufgezwungen.**)

---

*) Heinrich v. Bülow, Geist des neueren Kriegssystems. Berlin 1799. S. 40 bis 51 u. S. 68, bemnächst auch S. 75 u. 79.

**) Dr. G. Roloff, Verfasser einer vortrefflichen Untersuchung über die Entstehung des Kriegsplans der Verbündeten, stellt sich bei Besprechung der vorerwähnten Schrift von Dr. Franz Lübtke (in der Historischen Zeitschrift Bd. 95, N. F. Bd. LIX) gleichfalls auf den Standpunkt, daß die Absicht einer Entscheidungsschlacht als letzter Abschluß der Operationen von Anfang an bestanden habe. Er bekennt, daß er selbst in seiner Untersuchung diese Absicht nicht ausdrücklich hervorgehoben habe, und „Frieberich" — so fährt er fort — „hat sie in seiner Geschichte des Herbstfeldzuges von 1813 gänzlich übersehen und den Charakter des Planes somit falsch beurteilt". Nun hat Frieberich die

Die Disposition Schwarzenbergs vom 13. Oktober kam nicht zur Ausführung, weil der Kaiser von Rußland Einspruch erhob. Die abermalige Linksschiebung der Haupt-Armee unterblieb und es fand an ihrer Stelle schon am 14. ein näheres Herangehen an Leipzig statt, das nach des Kaisers Absicht die Hauptschlacht einleiten sollte. Denn wenn auch Napoleon sich zu diesem Zeitpunkt noch nicht in Leipzig befand, so war es nach der allgemeinen Lage doch voll berechtigt, ihn im Marsche dorthin zu vermuten. Man wußte jetzt, daß Blücher und Bernadotte sich seinem Angriff entzogen hatten; es war also die einfachste und nächstliegende Annahme, daß er dahin kommen werde, wo die Hauptmacht der Verbündeten stand. In dieser Auffassung konnte auch die große „Rekognoszierung" nur bestärken, die am 14. Oktober unter Wittgenstein stattfand. Sie ergab zwar noch kein Zeichen von Napoleons Anwesenheit, man gewann aber den sehr bestimmten Eindruck, daß Murat in seiner Höhenstellung, eine Meile südöstlich von Leipzig, unbedingt standhalten wolle.

Wenn man mit vollem Selbstvertrauen an die Aufgabe einer Hauptschlacht heranzutreten vermochte, so wäre es unbedingt am besten gewesen, sich nach dem Vorbilde Napoleons vom Oktober 1805 zu richten, also den Gegner einzuschließen und zur Kapitulation im freien Felde zu zwingen. Da die Bennigsensche Armee keinesfalls vor dem 17. Oktober eingreifen konnte, so mußte man den Hauptschlag bis dahin aufschieben. Wenn man sich vor allem im Süden und im Norden mit starken Kräften vor der Front des Feindes entwickelte und zunächst einmal die gewaltige Überlegenheit an Artillerie zu voller Wirkung brachte, dann war das eine vortreffliche Vorbereitung des Hauptschlages und zugleich ein treffliches Mittel der Abwehr, falls der Kaiser hier oder dort den Massenangriff versuchte. Im Westen von Leipzig, im Winkel der Elster, konnte ein einziges Armeekorps mit starker Artillerie den Rückzugsweg der Franzosen sicher versperren, wenn es zunächst kräftig bis zur Elsterbrücke vordrang und sich dann eine starke Stellung schuf. Am 17. mußte auf der Ostseite der Ring geschlossen werden und dann von allen Seiten der Ansturm beginnen.

Die wirkliche Schlacht hat sich wesentlich anders gestaltet. Der 15. Oktober verging mit Vorbereitungen, am 16. begann der Kampf, dem auf seiten der Verbündeten leider ein völlig klarer Grundbanke

---

ganze Frage sehr eingehend behandelt, ist aber zu dem Endergebnis gekommen, daß es unentschieden bleiben muß, ob Schwarzenberg wirklich den ernsten Willen zur Schlacht gehabt habe. Und das dürfte dem gegenwärtigen Stande der Forschung durchaus entsprechen.

fehlte. Schwarzenberg hatte sich jetzt rückhaltlos zum Angriff entschlossen; er schoß aber insofern über das Ziel hinaus, als er nun den Versuch machte, die erwünschte Entscheidung bereits am 16. zu erringen. Zu diesem Zweck gedachte er den rechten Flügel der französischen Südfront nicht nur frontal, sondern zugleich aus der Niederung zwischen Elster und Pleiße heraus flankierend anzugreifen und so die ganze Südfront des Kaisers nach Osten abzudrängen. Darum hatte er in dieser wenig gangbaren Niederung sehr bedeutende Kräfte angehäuft, und er würde noch mehr Truppen dort angesetzt haben, wenn ihm der Kaiser Alexander nicht in letzter Stunde die Verfügung über die russisch-preußischen Garden und Reserven entzogen hätte.

Im Laufe des 16. überzeugte sich Schwarzenberg, daß er sich geirrt hatte, daß die Enge des Raumes in der Niederung und die defensive Stärke des Pleiße-Abschnitts ihm den erwünschten Erfolg versagten, und er entschloß sich noch eben rechtzeitig, den hier eingetretenen Überschuß an Kraft auf das Schlachtfeld südöstlich von Leipzig hinüberzuführen.

Hier hatte am Vormittag Wittgenstein mit etwa 72000 Mann den Angriff eröffnet. Ihm gegenüber verfügte der Kaiser Napoleon über 138000 Mann, und der verbündete Angriff mit der halben Stärke könnte fast als ein frevelhaftes Beginnen erscheinen. Es zeigt sich aber auch hier die ganze Größe des Vorteils, der in der Initiative, im Handeln nach eigenem Willen liegt. Napoleon hatte eine Umfassung auf dem östlichen Flügel geplant, die weit ausholend so recht in die Flanke des Gegners zu treffen bestimmt war. Das Vorgehen der Verbündeten veranlaßte das zur Umfassung bestimmte Korps zur Wahl der kürzesten Wege, und aus der beabsichtigten Umfassung wurde eine einfache Verlängerung der Front. Die Heftigkeit der von Preußen, Österreichern und Russen in schönem Wetteifer ausgeführten Angriffe machte ferner alsbald die unmittelbare Verstärkung der bedrohten Frontlinie zur Notwendigkeit und dadurch wurde die französische Hauptreserve frühzeitig vermindert. Mit der Hauptreserve wollte der Kaiser aber einen Zentrumsdurchbruch ausführen und er hielt es nun für nötig, das Eintreffen weiterer Kräfte abzuwarten, die von der Nordfront herbeigerufen waren. Als sie nicht kamen — wir werden gleich die Ursache erkennen —, entschloß er sich am Nachmittage doch zum entscheidenden Angriff mit den verfügbaren Truppen. Inzwischen waren aber bei Wittgenstein 24000 Mann russisch-preußischer Garden und Reserven eingetroffen, und im Laufe des Kampfes kamen noch 15000 Mann österreichischer Kerntruppen zu ihm heran. Mit Hilfe dieser Verstärkungen gelang es, das Schlachtfeld zu behaupten.

Gleichzeitig war sowohl im Westen wie im Norden von Leipzig gefochten worden. Im Westen hatte das österreichische Korps Gyulai zwar den rechten Augenblick zu kräftigem Vorgehen und zur Gewinnung der Elsterbrücken versäumt, es zog aber wenigstens erhebliche Kräfte auf sich, die der französischen Nordfront entnommen wurden. Und im Norden hat wieder einmal der alte Blücher mit seinem fröhlichen Wagemut das Glück bei der Stirnlocke gefaßt und einen neuen glänzenden Erfolg errungen.

Als Blücher im Vormarsch auf Leipzig und schon in der Nähe der Stadt den Feind in guter Stellung vor sich sah, war seine Lage nicht unbedenklich. Bernadotte stand noch nordwestlich von Halle, fünf Meilen von Leipzig entfernt, so daß auf ihn keinesfalls zu rechnen war. Von Düben her waren französische Truppen im Anmarsch, eine Division des III. Korps, mit der der Kampf unvermeidlich wurde und deren Stärke anfänglich sehr viel bedeutender schien, weil große Massen von Fuhrwerk die Beobachter täuschten. Wenn Reynier (VII.) sich nicht im letzten Augenblick noch zu dem Umweg über Eilenburg entschlossen hätte, so mußte sein Marsch ihn gleichfalls heute aufs Schlachtfeld führen.

Blücher hatte also, während er angriff, immer auf ein feindliches Vorgehen aus jener Richtung gefaßt zu sein, und er half sich im allermodernsten Sinne, indem er eine starke Reserve (Sacken) links seitwärts gestaffelt mit großem Abstande folgen ließ. Mit zwei Korps aber griff er an, und zumal das Korps York hat auf dem rechten Flügel bei Möckern mit großen Opfern schwere Arbeit geleistet. Marmonts Korps wurde von ihm vernichtend geschlagen. Marmont war schon zum Abrücken auf das südliche Schlachtfeld befehligt, als Blüchers Anmarsch ihn festhielt. So hat Blüchers Sieg nicht nur abermals durch Vernichtung der feindlichen Streitkraft entscheidend mitgewirkt, er hat auch Napoleon verhindert, seine Absicht zu erreichen. Die Gesamtarbeit der Verbündeten am 16. Oktober wird durch Blüchers Sieg zum Erfolge gestempelt.

Und mit diesem Ausgang war auch das Schicksal des Feldzugs entschieden. Der nächste Tag konnte für die Verbündeten in den Truppen Colloredos, Bennigsens und Bernadottes volle 115000 Mann auf das Schlachtfeld führen, denen Napoleon nur noch 17000 Mann unter Reynier als Gegengewicht entgegenzustellen hatte. Jetzt mußte der Ring sich schließen, und wenn man den Mut fand, nach einem Riesenerfolge zu greifen, so war die Gefangennahme des französischen Heeres das sichere Ergebnis. Nahezu 1500 Feuerschlünde konnten von jetzt ab Tod und Verderben in das Innere des Kreises schleudern, auf dem der Feind in gedrängten Massen stand. Ihre Wirkung mußte um so furchtbarer werden, als der Feind nur über höchstens halb so viel Geschütze verfügte.

Wir dürfen es den Verbündeten trotzdem nicht allzusehr verübeln, wenn sie nicht so zu denken wagten. Napoleon hatte den Zentrumsdurchbruch, den rein frontalen Angriff dichtgedrängter Massen, zu so hohen Ehren gebracht, daß man ihm eine fast übernatürliche Wirkung zuschrieb und den Widerstand dagegen für kaum möglich ansah. Verstand er es doch auch in jener Zeit geringwertiger Feuerwaffen geradezu wunderbar, das Beste auszunützen, was man auf diesem Gebiet besaß, die Kartätschwirkung des Feldgeschützes. Wo er mit „hundert Geschützen" die Bahn fegen ließ, da konnten die Feuerwaffen der Gegner nur selten noch zur Geltung kommen.

In der Furcht vor dem Napoleonischen Zentrumsdurchbruch liegt der Ausgang der Schlacht bei Leipzig begründet. Diese Furcht fand im Lager der Verbündeten um so mehr Boden, als man in der Tat nicht wissen konnte, nach welcher Seite der Kaiser seinen Rückzug zu richten geneigt war. Nur mit den äußersten Mitteln der Überredung gelang es, den Kronprinzen von Schweden dazu zu bringen, daß er in die Schlachtlinie einrückte. Er wollte durchaus den Franzosen die Straße nach Wittenberg offen lassen und sich selbst so aufstellen, daß er dem abmarschierenden Gegner in die Flanke fallen könne. Und sein schließliches Nachgeben erfolgte nur unter der Bedingung, daß Blücher ihm ein ganzes Armeekorps abtrat, das er dann mit seinen eigenen Preußen und Russen in die vordere Linie stellte, um den Schweden ihren ewigen Reserveplatz auch hier zu sichern.

Schwarzenberg aber hat dem Feinde die Rückzugsstraße nach dem Rheine tatsächlich geöffnet. In der Annahme, daß Blücher etwa 7000 Mann auf das linke Elster=Ufer entsendet habe, rief er Gyulais fast dreifache Stärke von dort zurück. Der Befehl wurde dann zeitweise widerrufen, nachher aber erneuert, sobald auf dem Hauptkampffelde südlich von Leipzig vorübergehend Bedarf an Truppen entstand. Es muß dahingestellt bleiben, ob dabei die voll bewußte Absicht vorlag, dem Feind die goldene Brücke zu bauen, jedenfalls trat diese Wirkung ein und von entgegengesetztem Streben ist zweifellos nichts zu bemerken.

Die Fortsetzung der Völkerschlacht erfolgte erst am 18. Oktober, weil Bennigsen am 17. zu spät eintraf und Bernadotte noch gar nicht zur Stelle war. Es war ein heldenhaftes Ringen, das beiden Seiten zur höchsten Ehre gereicht. Neun Stunden dauerte der Kampf. Im Süden und Südosten von Leipzig haben die Franzosen ihre Hauptstellungen behauptet; im Osten hat Bernadotte mit seinem verstärkten Heere die eigentliche Entscheidung gebracht, indem er Neys Heerteile bis dicht an die Mauern von Leipzig zurückwarf. Leider war der Kronprinz um etwa vier Stunden später eingetroffen, als er eintreffen konnte, und dieser Säumigkeit ist es in erster Linie zuzuschreiben, daß die Hauptmassen Napoleons sich bis zur Nacht in ihren Stellungen zu halten vermochten.

Der Kaiser hatte bereits am Vormittag des 18. dem IV. Armeekorps die Weisung gegeben, die Elster zu überschreiten, den dort stehenden Feind zurückzuwerfen und nach Weißenfels zu rücken. Das war geschehen. Am Nachmittag und Abend wurden die Anordnungen zum Rückzug getroffen, der in der Nacht zur Ausführung kam. Sie betrafen die Garde, das II. und XI. Armeekorps und die Kavallerie; alle übrigen Heerteile wurden zunächst zur Verteidigung von Leipzig bestimmt.

Am 19. vormittags wurde die Stadt noch tapfer verteidigt und mußte unter erheblichen Verlusten erstürmt werden. Die große französische Arrieregarde wurde dabei schwer geschädigt, sie hat aber doch zum weitaus größten Teil noch den Abmarsch zu bewirken gewußt und durch Sprengung der Elsterbrücke die unmittelbare Verfolgung gehindert.

So gelang es dem geschlagenen Heere, einen bedeutenden Vorsprung zu gewinnen.

7. Der Ausgang des Feldzugs.

Die Verfolgung hätte besser angelegt sein können, als es der Fall war. Sie teilt dieses Schicksal bekanntlich mit den meisten Operationen dieser Art. Immerhin hatte Blücher das Yorcksche Korps schon am 18. Oktober auf Halle in Marsch gesetzt, und Schwarzenberg ließ wenigstens noch am 19. nachmittags das Gyulaische Korps in Richtung auf Naumburg abrücken. Der Oberfeldherr setzte demnächst auch die Haupt-Armee in mehreren Kolonnen an, um nicht nur zu folgen, sondern auch durch Parallelmarsch des Feindes Abzug zu gefährden. Bertrand, der Führer der französischen Avantgarde, ließ sich durch eine schwache österreichische Abteilung bei Naumburg täuschen, hielt den Kösener Paß (1 Meile westlich Naumburg) für stark besetzt und bog über Freiburg a. Unstrut aus. Das Gros des französischen Heeres folgte. Yorck belästigte den Marsch mit seiner Kavallerie, hatte aber die Infanterie nicht früh genug zur Hand, um dem Feind ernsteren Schaden zu tun. Als er am Nachmittag des 21. mit dem versammelten Korps vor Freiburg eintraf, war der größere Teil des feindlichen Heeres schon über den Fluß, und der Widerstand, den die Preußen fanden, war stark genug, um auch dem Rest des Heeres den Übergang zu ermöglichen.

Inzwischen hatte Napoleon den Versuch gemacht, durch kräftigen Angriff vom linken Saale-Ufer her den Paß von Kösen in seine Gewalt zu bringen. Das gelang zwar nicht, es wurde aber doch das frühzeitige Vorgehen der Verbündeten auf dieser Straße verhindert und der Umweg über Freiburg dadurch ausgeglichen.

Nachdem Blücher mit dem Gros seines Heeres an die Unstrut herangekommen war, nahm er keinen Anstand, seinen Truppen erneut die schwersten Anstrengungen zuzumuten, um noch einen größeren Erfolg zu erringen. Am 26. Oktober sollte am Hörselberg östlich von Eisenach ein Schlag gegen die französische Arrieregarde geführt werden, der aber leider mißglückte. Immerhin mußte der eilige Rückzug die Auflösung des französischen Heeres um so mehr steigern, als Krankheit und Entbehrungen die physischen Kräfte zahlreicher Mannschaften schon vorher sehr herabgesetzt hatten. Zehn Tage nach der Schlacht war der Rest der Großen Armee schon 40 Meilen vom Schlachtfeld entfernt und näherte sich dem schützenden Rheinstrom. Und hier sollte er noch eine letzte große Gefahr rühmlich bestehen.

Der bayrische General Graf Wrede hatte nach dem Vertrage von Ried (8. Oktober) auch den Oberbefehl über das österreichische Korps mit übernommen, das ihm bis dahin an der bayrisch-österreichischen Grenze beobachtend gegenübergestanden, und war in starken Märschen durch Süddeutschland an den Main geeilt. Er stellte sich mit der Hauptmasse seines Heeres, etwa 30000 Mann, am 30. Oktober bei Hanau den Franzosen entgegen. Leider war er durch eine falsche Nachricht irregeführt und glaubte es nicht mit dem Kaiser Napoleon selbst, sondern nur mit einer Nebenkolonne zu tun zu haben. So versäumte er es in einer gewissen Geringschätzung des Feindes, sich der Vorteile zu versichern, die ihm eine Aufstellung hinter Stadtmauern, Wasserlauf und Bruchwiesen darbot. Er stellte sich vielmehr vorwärts von Hanau so auf, daß er einen ausgedehnten Wald dicht vor der Front hatte. In diesem Walde konnte der Kaiser in aller Ruhe eine große Batterie in Stellung bringen und seine Scharen zu Fuß und zu Roß ordnen, um sie dann plötzlich auf den Punkt in Wredes Aufstellung zu werfen, den er als den schwächsten erkannt hatte. So gelang es Napoleon, mit der Minderheit die Mehrheit zu überrennen und den noch zurückbefindlichen Heerteilen den Weg zu öffnen. Aber freilich: der Feind war nicht völlig überwunden; er blieb ihm zur Seite und dann auf den Fersen, und viele Tausende des französischen Heeres fielen in seine Hand. Von den etwa 80—90000 Mann, die das Leipziger Schlachtfeld als Besiegte verlassen hatten, werden allerhöchstens zwei Drittel bis auf das linke Ufer des Rheines gelangt sein.

Hinter ihnen aber, in den Festungen von Deutschland und Polen, standen noch etwa 140—150000 Mann, die in ihrer Zersplitterung kein ernsthafter Feind mehr waren, die vereinigt von höchster Bedeutung zu werden vermochten. Der Kaiser hatte es s. 3. St. Cyr anheimgestellt, mit seinen 30000 Mann die sächsische Hauptstadt rechtzeitig zu verlassen und elbabwärts den Anschluß an andere Truppen zu suchen. Vom 13. bis 26. Oktober war Dresden nur von 17—20000 Mann eingeschlossen, die hauptsächlich aus russischen Milizen — zum Teil noch mit Piken bewaffnet — bestanden. Dann kam das österreichische Korps Klenau hinzu, aber der Umkreis war groß und die Einschließungs= linie war dünn. Man kann kaum zweifeln, daß St. Cyr durchzubrechen vermochte. Wenn er es tat, so konnte er sich in Torgau, Wittenberg und Magdeburg bis auf etwa 70000 Mann verstärken und dann der Niederelbe zueilen. Bei so achtunggebietender Stärke lag auch die Befreiung der Garnisonen von Stettin und Küstrin im Bereiche der Möglichkeit. Wenn aber weit über 100000 Mann unter Davouts Führung auf Dänemark basiert waren, das seinen norwegischen Besitz gegen Schweden zu verteidigen hatte, so wäre das eine höchst unbequeme, ja unmittelbar gefährliche Sache für die Verbündeten geworden.

St. Cyr fand den Mut zu einem solchen Entschlusse nicht und so ist nach und nach die größere Mehrzahl der Festungen dem Angriff erlegen. Überall war die Verteidigung des höchsten Ruhmes wert. Mehrere Plätze aber, Magdeburg, Hamburg, Wesel und die Zitadellen von Erfurt und Würzburg, haben erst dann ihre Tore geöffnet, als im Frühjahr 1814 eine neue Regierung es ihnen gebot. Auf die Einzel= heiten dieses Festungskrieges kann hier nicht eingegangen werden und ebensowenig auf den Verlauf des kurzen Feldzugs in Schleswig=Holstein, mit dem Bernadotte im Dezember die Dänen aus dem offenen Felde verdrängte und von der Unmöglichkeit ferneren Widerstandes über= zeugte. Auch Bülows Feldzug in Holland vom Schluß des Jahres 1813 kann nur kurz erwähnt werden. Bülow brachte dort mit Kühnheit und Geschick eine ganze Reihe mangelhaft besetzter Festungen in seine Gewalt und wußte die Herrschaft der Franzosen auf einige wenige Punkte zu beschränken.

Im übrigen trat bei den Heeren der Verbündeten im November eine Ruhepause ein.*)

---

*) Die Ereignisse des Jahres 1813 in Oberitalien und Spanien sollen erst im III. Abschnitt kurz erwähnt werden.

8. Betrachtungen.

Jetzt wird es möglich, die Frage zu beantworten, die schon früher gestreift war: Wie konnte Napoleon seine Aufgabe lösen, ohne die ungeheuerliche Massenversammlung im östlichen Sachsen und in Niederschlesien herbeizuführen, die ihm zum Verderben geworden ist?

Nachdem der Kaiser den Gedanken einer Offensive durch Böhmen in Richtung auf Wien verworfen hatte, blieb die Offensive auf Berlin und die Befreiung der Oderfestungen stets im Vordergrunde seiner Erwägungen. Dieser Stoß brauchte nun keineswegs aus der Versammlung in Sachsen heraus in der Richtung von Süden nach Norden geführt zu werden; man konnte ja auch den Schwerpunkt in ein Vorgehen von der Niederelbe her legen. Ein solches Vorgehen hatte von Anfang an den großen entscheidenden Vorteil, daß es die Rückzugslinie der Schweden in hohem Grade gefährdete. Die Aussicht auf glücklichen Erfolg mußte wachsen, wenn eine zweite Heeresoperation von der Linie Magdeburg—Wittenberg aus mit der ersten zusammenwirkte.

Wollte Bernadotte sich so aufstellen, daß er den Rückzug auf Stralsund nicht verlor, so gab er Berlin völlig preis, wollte er Berlin decken, so mußte er seine Verbindung mit der Heimat opfern. Dieser Umstand läßt es fraglich erscheinen, ob man bei der Lage des Kronprinzen zwischen den beiden Angriffen von Hamburg und von Magdeburg—Wittenberg her noch von einem Vorteil der inneren Linie sprechen darf. Stellt man sich vor, daß mit Beginn der Feindseligkeiten eine der Nord-Armee annähernd ebenbürtige Kraft von Hamburg aus angesetzt wurde und daß einige Tage später eine schwächere Hilfskraft von Magdeburg—Wittenberg antrat, dann war die allergrößte Aussicht vorhanden, die Nord-Armee entscheidend zu schlagen und in ihre Urbestandteile aufzulösen. Dann mußten die Schweden und die englisch-hannoverschen Hilfstruppen auf Stralsund, die Russen und Preußen im günstigsten Falle auf die Schlesische Armee zurückgehen, Berlin war in der Hand der Franzosen, Stettin und Küstrin befreit, und die Oder wurde zu einer sicheren Flügelanlehnung für die Fortsetzung der Operationen.

Nun nehme man ferner an, daß während dieses ersten Aktes der wieder begonnenen Operationen die Hauptmassen des Napoleonischen Heeres teils schon im westlichen Sachsen, hinter der Elbe und dem Erzgebirge gestanden hätten, teils dorthin zurückgezogen wurden, so daß einerseits die verbündete Haupt-Armee alle Gebirgspässe stark besetzt fand, während anderseits das Schlesische Heer durch den abziehenden Feind zum Nachfolgen eingeladen wurde, — dann hätte sich als zweiter Hauptakt des Krieges das Folgende abspielen können: die Hauptmasse des gegen Bernadotte siegreich gewesenen linken Flügels vereinigt sich mit dem Zentrum des französischen Gesamtheeres, das z. B. an der mittleren Elbe steht; beide zusammen gehen Blücher zu Leibe, greifen ihn an und verfolgen ihn, falls er ausweichen sollte, so lange, bis sein stetes Zurückgehen ihm die Folgen einer Niederlage zeitigt. Wenn ein starker rechter Flügel Napoleons in oder hinter dem Erzgebirge steht und der Böhmischen Haupt-Armee der Verbündeten das Vordringen nach Sachsen verwehrt, dann kann der Kaiser seinen Sieg über Blücher nötigenfalls bis tief nach Schlesien hinein ausbeuten, ohne sich allzu große Sorge um Flanke und Rücken machen zu müssen. Bei diesem zweiten Akt ist damit zu rechnen, daß Blücher durch Bennigsen verstärkt wird, es wird sich also hier um ein Ringen bedeutender Massen handeln.

Und dann kommt der dritte Akt, die gemeinsame Offensive des Napoleonischen Zentrums und des rechten Flügels nach Böhmen hinein, gegen Schwarzenberg. Nachdem die Nord-Armee, die Schlesische und Polnische Armee entscheidend geschlagen sind, fallen alle Gründe fort, die andernfalls einem solchen Vordringen entgegenstehen. Der Feldzug nach Böhmen hinein muß sich ganz verschieden gestalten, je nachdem die dort befindlichen Russen und Preußen in Verbindung mit den Österreichern bleiben oder die nächsten Wege nach Schlesien zum Abmarsch benützen. Napoleons strategische Gesamtlage kann in beiden Fällen nur als eine höchst günstige erscheinen.

Das ganze Verfahren, wie es hier skizziert ist, stellt sich als eine große Rechtsschwenkung mit feststehendem Drehpunkt dar und bietet den sehr bedeutenden Vorteil, daß man alle noch nicht geschlagenen Feinde immer vor der Front behält und daß hinter der Front nur Gegner zurückbleiben, die bereits die Überlegenheit des Siegers anzuerkennen gezwungen waren. Es sichert ferner der Großen Armee auch große Räume, welche die Bewegung auf Straßen erlauben und mit ihren reichhaltigeren Vorräten den Unterhalt der Massen erleichtern. Es begünstigt durch die Schiffbarkeit der Havel und Spree bis zum Schluß des zweiten Aktes den Verkehr mit der Elbbasis und dem Hinterlande. Es schränkt endlich durch die Breite der zusammenhängenden Front die Unternehmungen der feindlichen Parteigänger auf das äußerste ein. Derartige Unternehmungen hätten in diesem Falle eigentlich nur noch vom Fichtelgebirge aus um den rechten französischen Flügel herum angesetzt werden können, und sie wurden vielleicht ganz unmöglich, wenn glückliche Anfangserfolge Napoleons die bayrische Regierung an seine Sache fesselten.

Schließlich muß besonders betont werden, daß dieser Operations-
gedanke ganz gleichmäßig sowohl für den wirklich eingetretenen Fall
paßt, daß der Schwerpunkt der verbündeten Kraft in Böhmen lag, wie
für den ursprünglich von Napoleon angenommenen Fall, daß die
Schlesische Armee die Haupt-Armee sei.

Natürlich konnte ein solches Verfahren nicht plötzlich am Schluß
des Waffenstillstandes eingeschlagen werden, wenn bis dahin die ganze
Verteilung der Kraft auf anderen Grundgedanken beruhte. Aber ebenso
gut wie der Kaiser während der Ruhezeit die Neubildung und Aufstellung seines Heeres nach den Anschauungen geregelt hat, aus denen
sein tatsächlich befolgter Kriegsplan hervorwuchs, ebenso gut hätte
er sie auch im Sinne des Vorstehenden regeln können. Was war es
denn, warum er im Frühjahr den Waffenstillstand anbot? Die Gefahr
der Flankierung durch die Österreicher im Süden fing an, höchst bedenklich zu werden. Die analoge Gefahr im Norden war um diese
Zeit durch Bülow zwar nur angedeutet, aber der Kronprinz von
Schweden stand doch schon im Hintergrund, und der künftige Kampf
nach drei Seiten war schon deutlich vorgezeichnet. Wahrlich, wenn
Napoleon nicht einigermaßen einseitig in der Ideenwelt des Manövers
auf innerer Linie befangen war, dann mußte er von Anfang an dafür
sorgen, daß am Schluß des Waffenstillstandes das so gewaltig verstärkte Heer auch eine größere Operationsfront hatte.

Zu machen war das sehr leicht. Vor allem hätte das im Frühjahrsfeldzug an der Niederelbe verwendete I. Korps Vandamme dort bleiben
müssen. Außer dem XIII. Korps Davout waren auch das XIV. sowie
das 4. und 5. Kavalleriekorps dort zu versammeln. Dies hätte eine
starke Armee ergeben, für die der Marschall Davout ein sehr geeigneter
Führer war.

Während des Waffenstillstandes war es durchaus den Gepflogen-
heiten in der französischen Armee entsprechend, wenn alle Garden bei
Dresden standen, wo der Kaiser sein Hauptquartier hatte. Es mußte
auch durch Rücksichten bequemer Unterbringung leicht zu erklären sein,
wenn man noch etwa zwei weitere Armeekorps gleich anfänglich nach
dem westlichen Sachsen zurückzog. Die übrigen Truppen konnten in
ihren östlichen Quartieren vorläufig bleiben und mußten gegen Ende
des Waffenstillstandes ihre Bewegung so rechtzeitig antreten, daß mit
Beginn der Feindseligkeiten etwa die folgende Kräfteverteilung hergestellt war:

> Erste Armee, bei Dresden und westlich davon hinter dem Erz-
> gebirge, mit Vortruppen in den Pässen; II., V., VI.,
> XI. Armeekorps und 3. Kavalleriekorps, etwa 111000 Mann.

Zweite Armee, Hauptmasse aus Niederschlesien auf Görlitz zurückgegangen, ein Teil als Flankendeckung in Zittau; zum weiteren Zurückgehen bis hinter die Elbe in Richtung auf Meißen bestimmt; III. und VIII. Armeekorps, 1. Kavalleriekorps, etwa 64000 Mann.

Dritte Armee, längs der sächsisch-preußischen Grenze bis in die Linie Magdeburg—Wittenberg zurückgegangen; IV., VII., XII. Armeekorps, 2. Kavalleriekorps, etwa 74000 Mann.

Vierte Armee bei Hamburg; I., XIII., XIV. Armeekorps, 4. und 5. Kavalleriekorps, etwa 103000 Mann.

Die Garden nordwestlich von Dresden, 58000 Mann; bei ihnen der Kaiser.

Eine optische Telegraphenlinie konnte in einigem Abstand hinter der Elbe entlang laufen.

Unter Umständen, wenn das erste Auftreten des Kronprinzen von Schweden sehr tatkräftig sein sollte, würde die persönliche Leitung der Angelegenheiten im Norden durch den Kaiser, unter Mitführung eines Teils der Garden, im Bereich der Möglichkeit liegen. Es könnten dann immer noch etwa 200000 Mann die sehr starke Aufstellung im westlichen Sachsen, in dem Winkel zwischen Elbe und Erzgebirge, verteidigen, und zwar durch Gegenangriff auf den Feind, der diese Linien an irgend einer Stelle zu durchbrechen sucht. So wie die Verhältnisse bei der verbündeten Nord-Armee lagen, ist aber nicht zu zweifeln, daß Davout und Oudinot die ihnen gewordene Aufgabe allein zu lösen vermochten. Nach dem ersten Erfolge und sobald Entsendungen gegen Stralsund und an die Oder notwendig wurden, wenn der zweite Hauptakt herannahte und die Zweite Armee sowie die Garden mit der Hauptmasse des linken Heeresflügels zusammenzuwirken hatten, dann mußte das kaiserliche Oberkommando jedenfalls auf dem Schauplatz der Haupthandlung anwesend sein.

Diese Betrachtung muß hier notgedrungen abbrechen, ihre weitere Fortsetzung ist eigentlich nur auf dem Wege des Kriegsspiels möglich. Die ganze Gedankenreihe hat der früheren historisch-militärischen Kritik über die Ereignisse von 1813 aus höchst einfachen Grunde völlig ferngelegen, weil das Operieren mit mehreren selbständigen Heeren auf demselben Kriegsschauplatz erst in der neuesten Zeit durch Moltkes Großtaten zu Ehren gekommen ist und weil die Überlegenheit der Operation auf innerer Linie bis dahin geradezu als ein Dogma galt. Man wolle den vorgeschlagenen Operationsplan aber nicht etwa aus diesem Grunde als für Napoleon undenkbar verwerfen, denn die

Verbündeten haben ja 1813 in ebensolchem Sinne gehandelt und sind gut dabei gefahren.*)

Diese Betrachtung führt uns zuletzt noch auf einen Punkt von großer Wichtigkeit. Der Umstand, daß Blücher breimal den Stößen Napoleons mit unverkennbarem Vorteil für die Sache ausgewichen ist, hat zu einer übertriebenen Bewertung dieses Ausweichens vor der Entscheidung geführt, zu einer Anerkennung des sogenannten Ermattungsgedankens, die für eine gesunde Kriegslehre nicht ohne ernste Bedenken ist. Schwarzenbergs ängstliche Besorgnis vor einem taktischen Zusammenstoß mit dem Gegner ist infolgedessen mehrfach als Beweis seiner hohen Einsicht verherrlicht worden, obgleich die gewaltige numerische Überlegenheit, über die er verfügte, ein durchaus anderes Urteil bedingt. Diese Anschauung hat sich bis zu dem Satze gesteigert, daß „die Ermattungsstrategie Schwarzenbergs über die Niederwerfungsstrategie Napoleons den Sieg errungen habe".**) Dieser Satz ist aber unzweifelhaft unrichtig. Hätten Blücher und Bülow und zuletzt Kaiser Alexander nicht bei zahlreichen und glücklicherweise noch gerade ausreichenden Gelegenheiten ganz ausgesprochen Napoleonische Strategie getrieben, dann wäre das große Unternehmen sicherlich nicht zu gutem Ende geführt worden. Daß man aber überhaupt gelegentlich aus dem Ausweichen vor dem Schlage des Gegners wirklichen Vorteil zu ziehen vermochte, das lag vorzugsweise an der unglückseligen Dreiecksform, in der Napoleon sein Jeu de va et vient spielte, und in der Unbehilflichkeit seiner für dieses Spiel allzu großen Massen. Es lag daran, daß er einen unverhältnismäßig starken Verbrauch seiner Streitkräfte selbst herbeiführte.

Nun wolle man den Wert des Ermattungsgedankens einmal an dem Operationsplan prüfen, der vorstehend für Napoleon aufgestellt worden ist! Wenn der Kaiser von Anfang an darauf bedacht gewesen wäre, sich vor dem Umfaßtwerden tunlichst zu sichern, wenn er den Kampf in angemessener Frontbreite wählte, der die Stärke seines Heeres erst voll und ganz zur Geltung bringen konnte, dann wäre von irgend welchem Erfolg der Ermattungsstrategie für die Verbündeten sicherlich niemals die Rede gewesen. Falls dann ihr starker Flügel im Erz-

---

*) Zu meiner Freude ist Oberstleutnant Friederich in der Schlußbetrachtung seiner Geschichte des Herbstfeldzugs 1813 meiner Auffassung beigetreten, die ich mit wenigen Strichen bereits bei früherer Gelegenheit im Mil. Wochenblatt Nr. 62 von 1902 und in meiner Entwickelung der strategischen Wissenschaft im 19. Jahrhundert (Berlin 1904) angedeutet hatte.

**) Mil. Wochenblatt Nr. 19—21 von 1906: Bennigsen und Wrede 1813. Von K. S.

gebirge nicht mit vollster Kraft und entschlossenstem Willen anpackte, um den feststehenden rechten Flügel Napoleons über den Haufen zu rennen, falls Schwarzenberg dann untätig abwartete, bis der Gegner erst Bernadotte und demnächst Blücher mit Bennigsen geschlagen hatte, dann war er selbst sicherlich zu gleichem Schicksal verurteilt.

Bei so verändertem Verfahren Napoleons hätte der Ermattungsgedanke auf Seite der Verbündeten nur dazu führen können, daß man im Anfang kostbare Zeit und Gelegenheit zur Kraftbetätigung verlor und daß man später das Heil in eiligem Rückzug suchte. Selbst der bescheidenste Kriegszweck der Verbündeten, die Vertreibung Napoleons aus Deutschland, war auf solchem Wege niemals zu erreichen. Um den großen Schlachtenmeister zu überwinden, dazu reichten die Künste und Mittel des 18. Jahrhunderts nicht aus. Der Mann, der das gewaltige Schlachtschwert so wuchtig zu handhaben wußte, war nicht mit dem Galanteriedegen zu besiegen. Wer ihn bekämpfen wollte, der mußte sich die Vernichtung seiner Streitkraft zum Ziel setzen, der mußte die Schlacht suchen.

III. Abschnitt.

Der Feldzug von 1814.

1. Die Lage Napoleons.

Während im Sommer 1813 in Deutschland gerade die Waffen geruht hatten, war auf dem spanischen Kriegsschauplatz eine große Entscheidung gefallen. Am 21. Juni hatte Wellington mit der englisch=portugiesisch=spanischen Haupt= Armee das französische Heer unter Jourdan bei Vitoria besiegt und zum Zurückgehen hinter die Bidassoa gezwungen. Darauf überwand der englische Feldherr zunächst die letzten französischen Stützpunkte südlich der Westpyrenäen, die festen Plätze S. Sebastian und Pamplona; alsdann drängte er die Franzosen, die jetzt unter Soult standen, bis in die Höhe von Bayonne zurück. Hier mußte er vor einer befestigten Stellung vorläufig Halt machen.

Im Nordosten von Spanien behauptete sich Marschall Suchet in und zwischen den zahlreichen festen Plätzen von Katalonien gegen ein englisch=spanisches Nebenheer, hatte indessen die Linie des Ebro all= mählich aufgeben müssen. An und südlich dieser Linie standen die Franzosen zwar noch in mehreren Festungen, waren aber eingeschlossen und der Verbindung mit Suchet beraubt.

In Italien und den benachbarten Illyrischen Provinzen hatte der Krieg erst im August seinen Anfang genommen. Vizekönig Eugen stellte sich trotz numerischer Überlegenheit nur die Aufgabe, die lang= gestreckten Grenzen des französischen Gebiets zu behaupten; er fand aber einen Gegner, der das aus drohenden Manövern und gelegent= lichen Schlägen gemischte Kampfspiel nach den Lehren des 18. Jahr= hunderts mit größerem Geschick zu spielen vermochte. Der österreichische Feldzeugmeister Hiller bedrohte vor allem im Gebirge die linke Flanke des Vizekönigs und seine Verbindungslinie durch Venetien; er verstand es aber auch, die günstige Stimmung der Bevölkerung in Istrien aus=

zunutzen, so daß kleine österreichische Abteilungen, vom Aufstand unterstützt, bald zu ernster Bedeutung gelangten. Zugleich kam den Österreichern ein englisches Geschwader zu Hilfe.

Die Wage schwankte anfänglich hin und her, neigte sich dann aber entschieden auf Seite der Österreicher. Als zu Anfang Oktober der Übertritt Bayerns zu den Verbündeten erfolgte, ließ Hiller seine Hauptmacht durch das obere Drautal nach Tirol rücken, wo ihm der 1809 so glänzend erprobte Landsturm einen erheblichen Zuwachs an Kraft verhieß. Eugen gab nunmehr Venetien auf, nur die Lagunenstadt noch festhaltend, und ging hinter die Etsch zurück. Sein demnächstiger Versuch, die österreichischen Hauptkräfte an der oberen Etsch entscheidend zu schlagen, wurde zum Luftstoß, weil Hiller inzwischen von Trient aus nach der Niederung ausgebogen war und sich östlich von Verona aufgestellt hatte. In der durch die mittlere Etsch getrennten Aufstellung blieben beide Heere vorläufig stehen.

Zu Anfang November war die Zitadelle von Triest den vereinten Angriffen von Landtruppen und Flotte erlegen, und auf englischen Schiffen fuhren österreichische Truppen über die Adria, um auf dem rechten Ufer des unteren Po die Verteidigungslinie Eugens mit Umfassung zu bedrohen. Hier mußten sie bald mit Murat in Fühlung treten, der von seinem Königreiche her ein neugebildetes Heer an der Ostküste Italiens entlang vorführte. Murat in seiner Charakterlosigkeit war zunächst noch zweifelhaft, auf welche Seite sein Vorteil ihn hinwies; er trat später zu den Verbündeten über, suchte sich aber auch Napoleon gegenüber möglichst wenig zu kompromittieren. —

Noch schlimmer als die Mißerfolge auf den Schlachtfeldern des Jahres 1813 war für den Kaiser die furchtbare Erschöpfung seines Reiches. Als die Reste der Großen Armee den Rhein überschritten, brachten sie Ruhr und Typhus mit sich, die unter den von Anstrengungen erschöpften Mannschaften der Stämme und unter den schwächlichen Konskribierten der neuesten Aushebung wahrhaft furchtbare Opfer forderten. Das Heer, das der drohenden Invasion begegnen sollte, war erst zu schaffen, und es fehlte an Waffen und Ausrüstung.

Es liegt auf der Hand und ist schon oft ausgesprochen worden, daß unter solchen Umständen das immerhin beste Mittel des Erfolges in tunlichster Versammlung aller verfügbaren Kräfte und in der Beschränkung der Aufgaben liegen mußte.

Bei dem großen Interesse Österreichs an der Wiedergewinnung seiner alten Stellung in Italien war zu erwarten, daß es dort mit Nachdruck auftreten werde. Wenn man dem Vizekönig keine Hilfe zu senden vermochte, dann war auf einen glücklichen Ausgang des Kampfes in Italien kaum zu rechnen. Beschränkte man sich dagegen nur auf die Behauptung der Festungen, so war es möglich, 25—30000 Mann von dort zum Entscheidungskampf in Frankreich heranzuziehen. Wenn Napoleon Katalonien ganz aufgab und von Soults Heer eine erhebliche Abgabe forderte, so konnten weitere 40—45000 Mann erprobter Truppen verfügbar werden. Der natürliche Vereinigungspunkt dieser verschiedenen Gruppen war Lyon, wo sie — selbst ohne Benutzung der Post — etwa fünf Wochen nach des Kaisers Entschluß zu stehen vermochten. 70000 Mann wirklicher Truppen mußten in weiteren vier Wochen durch Einstellen von Rekruten zu einem etwa 100000 Mann starken Heer von verhältnismäßig großer Brauchbarkeit anschwellen,*) und dieses Heer stand in der Flanke des feindlichen Einmarsches über die Ostgrenze. Welche bis zur Lächerlichkeit ängstliche Sorge die Oberleitung der Verbündeten für ihre Flanken hatte, das wird sich im Laufe dieser Darstellung wiederholt zeigen. Sobald von Süden her eine wirklich große Gefahr gedroht hätte, wäre jedes Vorschreiten der Invasion völlig ausgeschlossen gewesen. Das hat schon Clausewitz in seinen Bemerkungen zu 1814 besonders betont. Seitdem wir die inneren Verhältnisse im Hauptquartier der Verbündeten genauer kennen, muß man die Klarheit seiner Anschauung doppelt bewundern.

Ferner: es war sehr berechtigt, die Rheingrenze vorläufig festzuhalten, um den ganzen Verteidigungsanstalten im Innern des Reiches die möglichste Deckung zu gewähren. Es mußte nur Vorsorge getroffen werden, daß die zahlreichen Festungen nicht zu viele Streitkräfte in Anspruch nahmen und daß sich die dünne vordere Linie rechtzeitig zu größeren Körpern zusammenschloß. Die „Scheinverteidigung" des Rheins, wie Clausewitz die Sache benannt hat, war also in hohem Grade sachgemäß. Als aber auf Bülows Annäherung hin in Holland der Volksaufstand losbrach, sprach die richtige Ökonomie der Kräfte dafür, lieber das Unterrhein-Gebiet aufzugeben und die dort im freien Felde stehenden Truppen zurückzuziehen, als etwa neue Kräfte in einer Richtung vorzuschieben, die von dem vorher ermittelten Hauptkristallisationspunkte des Widerstandes weitab führte.

---

*) Selbst der Mangel an Gewehren war dabei kein unüberwindliches Hindernis, weil die damalige Zeit die Pike noch als eine immerhin brauchbare Infanteriewaffe ansah. Lloyd, ein vielerfahrener General und angesehener Schriftsteller, hat nur 30 Jahre früher die grundsätzliche Wiedereinführung der Pike in die Infanteriebewaffnung gefordert. Er wollte jedem Bataillon eine Schützen-Kompagnie geben, die vier anderen Kompagnien aber auf vier Glieder stellen und das vierte Glied mit 12 Fuß langen Piken bewaffnen, die noch um 6 Fuß über das erste Glied hervorragen würden.

Endlich: die alte Baubansche Landesverteidigung mit ihrem dreifachen Festungsgürtel*) war auf Heere berechnet, die sich an die Magazinverpflegung banden. Für die von Napoleon ins Leben gerufene Strategie liegt aber Paris der Ostgrenze so nahe, daß es wirksameren Schutzes bedarf. Sollte es möglich gemacht werden, daß sich der Kaiser im gegebenen Augenblick unbedenklich zu der Haupt=Armee begab, deren Bildung bei Lyon hier angenommen ist, dann mußte Paris befestigt sein.

Napoleon hatte die provisorische Befestigung in hohem Grade entwickelt und war ein Meister im Entwurf derartiger Anlagen. Die Hilfsmittel und Arbeitskräfte der großen Stadt und ihrer Nachbarschaft, das vortreffliche Kanalnetz des Landes, die Arsenale und das Personal der Marine lassen es als ganz zweifellos erscheinen, daß binnen 8—10 Wochen hier eine Befestigung entstehen konnte, die mit Geschützen jeder Art, vor allem aber mit schweren Kalibern ausreichend versehen und gegen welche jeder gewaltsame Angriff nahezu unmöglich war. Zu ihrer Verteidigung war auch die seßhafte Nationalgarde unbedingt verpflichtet und konnte sich mit einer beschränkten Gewehrzahl behelfen. Ihre etwaigen revolutionären Neigungen hätte der Kaiser mit dem Zauber seiner mächtigen Persönlichkeit und einigen liberalen Reformen sicherlich bald überwunden. Hat sich doch das Volk in den nordöstlichen Grenzgebieten, in Lothringen, in den Ardennen, den Vogesen und anderwärts, auf seinen Ruf mit dem größten Eifer am Kampfe beteiligt und eine Vaterlandsliebe gezeigt, die höchste Achtung verdient.

Stellt man sich Paris in solcher Weise befestigt vor, dann mußte im Augenblick des feindlichen Einmarsches für die Scheinverteidigung am Rhein die einfache Weisung zum Rückzug erfolgen. Der stark zu bemessende linke Flügel hatte auf die Hauptstadt zurückzugehen, um hier den Kern der Besatzung zu bilden. Der rechte Flügel mußte den Anschluß an die Haupt=Armee im Süden suchen, der auch die Neuformationen der Garde gleichzeitig zuzuführen waren. Alsdann war es in das Ermessen des Kaisers gestellt, den Zeitpunkt zu bestimmen, wo er die Haupt=Armee für stark genug hielt, um sie in der entscheidendsten Richtung zum Angriff zu führen.

Wenden wir uns zu des Kaisers tatsächlichen Maßnahmen, so sehen wir, daß er die Heranziehung stärkerer Kräfte von der Pyrenäengrenze her zunächst ernstlich versucht hat. Er veranlaßte seinen Bruder Joseph, die Krone von Spanien niederzulegen, gab dem König

---

*) Die Übersichtsskizze enthält die bedeutenderen Plätze, die 1814 noch in leidlichem Zustande waren.

Ferdinand VII. seine Freiheit wieder und ließ sich von ihm den Frieden versprechen. Als aber die Cortes dem Vertrage ihre Zustimmung versagten, nahm Napoleon auch Abstand von der Räumung Kataloniens und hat Suchet erst verhältnismäßig spät erhebliche Abgaben auferlegt. Suchet hat im Winterfeldzug von 1814 kaum ebenbürtige Kräfte gegenüber gehabt und hat auch verabsäumt, Soult wirksam zu unterstützen. Die Festhaltung dieses Zipfels von Spanien ist also ein wesentlicher Fehler gewesen.

Daß die Aufgabe von Italien geradezu eine militärische Notwendigkeit war, hat sich der vielerfahrene Feldherr zweifellos nicht verhehlen können. Der Gebieter des weiten französischen Reiches konnte sich aber zu einem Schritt nicht entschließen, der als Verzicht auf die schwer errungene Weltstellung aufgefaßt werden mußte und auch tatsächlich den wirklichen Verlust jenes Besitzes leicht im Gefolge haben konnte.

Und als die Unterrheinlinie in Gefahr war, sah der Kaiser vor allem seine Schiffe im Hafen von Antwerpen und seine dortigen Marine-Etablissements bedroht, die für die künftige Wiederherstellung einer leistungsfähigen Flotte von höchster Wichtigkeit waren. Für diese Werte boten ihm die Wälle von Antwerpen und eine Festungsgarnison nicht genügende Sicherheit, und man kann hier wie in bezug auf Italien seine Denkweise wohl verstehen.

Weniger ist es zu begreifen, daß Napoleon Paris nicht provisorisch befestigt hat. Es spricht daraus entweder ein übertriebenes Mißtrauen gegen die Pariser, denen man in diesem Falle die kriegerische Organisation nicht versagen konnte, oder ein erst recht übertriebener Glaube an ihre Treue. Hat der Kaiser geglaubt, daß diese Treue auch beim Einrücken des Feindes in die Hauptstadt nicht wanken werde? Unter allen Umständen scheute er den Eindruck, den eine solche tief einschneidende Maßregel der Vorsicht auf die Franzosen machen mußte. So ernst seine Mahnung zum Kampf für das Vaterland klang: daß Paris in Gefahr sei, sollte doch niemand glauben.

Gegen Ende des Dezember waren die zur Verteidigung der Nordostgrenze einstweilen verfügbaren Streitkräfte folgendermaßen verteilt: in den Niederlanden General Maison mit dem in der Neubildung noch wenig vorgeschrittenen I. Armeekorps und einigen Garde-Divisionen zu Fuß und zu Pferde. Nach des Kaisers Absicht sollte sich Maison auf Antwerpen stützen und von hier aus sobald als möglich gegen Bülow und ein englisches Korps unter Graham vorgehen, die an der Schelde festen Fuß gefaßt hatten. Am deutschen Niederrhein stand, mit der Festung Wesel vor der Front, der Marschall Macdonald, der im V. und XI. Armeekorps sowie einer Kavallerie-Division höchstens 12000 Mann unter sich hatte. Den Mittelrhein bis Landau aufwärts sollte Marschall Marmont mit dem VI. Korps und einem Kavalleriekorps schützen, zusammen etwa 13000 Mann. Seine schwierige Aufgabe wurde ihm durch die starke Besatzung von Mainz — IV. Korps unter Morand — in etwas erleichtert. Am Oberrhein befehligte Victor im freien Felde das II. Korps und ein Kavalleriekorps, im ganzen etwa 10000 Mann. Die zahlreichen Festungen waren hier nur mäßig besetzt. Dahinter waren in der Gegend von Metz und in Paris noch einige wenige Garde- und Linien-Divisionen in Bildung begriffen. Die Gesamtheit aller im freien Felde verfügbaren Kräfte ist äußerst gering, ihre Einteilung in Korps und Divisionen fortwährend wechselnd.

2. Die Pläne der Verbündeten.

Als die Sieger von Leipzig zu Anfang November den Rheinstrom erreichten, hatte Blücher gleich die Richtung nach Köln eingeschlagen, um hier auf das linke Ufer überzugehen. Man rief ihn zurück und übertrug ihm die Beobachtung von Mainz. Vergebens legte Gneisenau im Hauptquartier der Monarchen zu Frankfurt die Vorteile dar, welche die ununterbrochene Fortsetzung der Operationen unbedingt haben müsse. Er war der Überzeugung, daß der augenblickliche Zustand Frankreichs jeglichen ernsthaften Widerstand ausschließe und daß die Verbündeten nur einfach weiterzumarschieren brauchten, um in Paris den Frieden zu diktieren. Er hielt diesen Weg für den einfachsten, sichersten und unblutigsten unter allen, die möglich waren. Und er hatte zweifellos recht. Denn wie groß auch die Erschöpfung bei manchem Heerteil der Verbündeten war, der Zustand des Feindes war unendlich viel schlimmer. Wenn man den fränkischen Kaiser jetzt ebenso ausdauernd und rücksichtslos verfolgte, wie er in früheren Zeiten zu verfolgen gewohnt war, dann konnte es wohl so kommen, daß man nicht mehr als 100000 Mann nach Paris brachte: das Heer des Kaisers aber mußte sich dann auflösen bis in seine letzten Bestandteile.

Für die aus dem 18. Jahrhundert überlieferte Kriegstheorie sah die Aufgabe freilich viel ernster aus. Da schrieb man den Festungen vielfach noch eine Wirksamkeit zu, die sie im Zeitalter der Requisitionen und bei der Dürftigkeit ihrer Besatzung und Ausrüstung nicht mehr haben konnten. Da war jeder Wasserlauf, der sich dem Vormarsch in ben Weg legte, auch ein ernst zu nehmendes Hindernis. Da trat die Frage auf, welches die „Schlüsselpunkte" des Landes seien und wie man sich ihrer bemächtigen könne. Und endlich wurde der richtigen Basierung nach wissenschaftlichen Grundsätzen der allerentscheidendste Wert beigelegt. Es ist oft recht unerquicklich, die Schriftstücke zu lesen, die damals vom österreichischen Generalstabe oder auch von dem Preußen Knesebeck, dem ersten militärischen Berater Friedrich Wilhelms III., verfaßt worden sind. Wie erstaunlich wenig haben diese Männer aus den großen Ereignissen gelernt, deren Augenzeugen sie gewesen waren! Wie fremd stehen sie dem gegenüber, was uns als Kern und Wesen der Strategie erscheint.

Eine mattherzige Strategie muß um so bedenklichere Früchte zeitigen, wenn die Politik der Klarheit und Bestimmtheit entbehrt. Nun wird die Politik einer Koalition immer ein Kompromiß mit allerlei Schwächen sein, sie kann aber an inneren Widersprüchen derartig kranken, daß die Wirkung in Frage gestellt wird. So war es im Winter von 1813 auf 1814.

Österreich fürchtete bereits die Macht Rußlands und war durchaus abgeneigt, dem Kaiser Alexander zur Wiederherstellung eines großpolnischen Reiches in Personalunion mit Rußland behilflich zu sein. Es hegte in keiner Weise den Wunsch nach Wiedergewinnung der österreichischen Niederlande oder gar des Elsaß, denn es sah jede Vergrößerung als einen fragwürdigen Gewinn an, sofern man als Ausgleich die Abtretung von Galizien zu fordern vermochte. Darum und auch mit Rücksicht auf die Kaiserin Marie Luise wollte es Napoleon auf dem Throne Frankreichs erhalten sehen und war bereit, ihm die „natürlichen Grenzen", also neben den Pyrenäen und Alpen auch den ganzen Rheinlauf, zu bewilligen. Österreich war zugleich sehr unangenehm berührt von den im preußischen Volk und Heer lebenden Gedanken einer kräftigeren und lebensvolleren Neugestaltung des deutschen Vaterlandes und besonders auch von dem preußischen Wunsche der Einverleibung Sachsens.

Kaiser Alexander, dessen polnische Pläne schon berührt sind, hegte im tiefsten Innern den Wunsch, den großen Gegner vom Throne zu stürzen. Den Bourbons war er abgeneigt, und bezüglich des Ersatzes begünstigte er die Hoffnungen Bernadottes.

England hatte sich in Besitz fast aller französischen und vormals holländischen Kolonien gesetzt und konnte so die Weiterentwicklung der Dinge ruhig abwarten. Es sah in Napoleon seinen erbitterten und zähen Gegner und mußte dessen Sturz als die beste Garantie nachhaltigen Friedens betrachten. Es begünstigte für diesen Fall die Rücklehr der Bourbons. Es wünschte die Wiederherstellung des niederländischen Staatswesens, dem die Scheldemündungen zu übergeben seien, um sie Frankreich zu entziehen. In Deutschland wäre ihm mit der Aufrichtung eines großen Welfenreiches an der Nordsee am meisten gedient gewesen.

Preußen war von Bedeutung durch die Tatkraft und den vorwärtstreibenden Geist seines Heeres; in der Politik blieb sein Einfluß gering, weil die zukünftige Gestaltung des Landes noch ein schweres Problem war.

Es entsprach den hier flüchtig skizzierten Verhältnissen, dem inneren Mangel an Einheit und Einigkeit, daß ein vollständig klares politisches Programm in Frankfurt noch nicht zur Vereinbarung kam. Immerhin wurden von dort aus dem Kaiser Napoleon — in vorläufiger und unverbindlicher Gestalt — Friedensvorschläge im Sinne der österreichischen Ansichten gemacht. Als — nach einiger Zeit — sein Eingehen auf diese Vorschläge zweifelhaft wurde, trat die Notwendigkeit kriegerischer Maßnahmen wieder hervor. Die österreichische Diplomatie dachte dabei an einen geringen, mehr demonstrativen als tatsächlichen Druck, der den Gegner von der Zweckmäßigkeit und Nützlichkeit des Einlenkens überzeugen solle; die österreichischen Strategen aber fanden bei dieser Anforderung die rechte Gelegenheit, ihre ganze verfeinerte Kriegskunst zu entfalten, die Erfolge erringen will, ohne Blut zu vergießen.

Auf diese Weise entstand nach und nach der Plan, die französische Aufstellung an der Rheingrenze frontal nur zu beschäftigen, wozu die Schlesische Armee bestimmt wurde; ferner den durch Bülow bereits eingeleiteten Angriff gegen die feindliche linke Flanke stetig zu verstärken, bis allmählich die ganze Nord-Armee hier zur Wirksamkeit komme; mit der Haupt-Armee aber südlich auszubiegen und auf das Plateau von Langres vorzudringen, wo die Maas und die Marne, die Aube und die Seine entspringen. Hatte man den Schlüsselpunkt Langres in der Hand — „1626 Fuß über dem Meeresspiegel" —, so war nach der Meinung dieser Kriegskünstler der Defensivwert jener vier Flußlinien auf ein Mindestmaß herabgedrückt und das feindliche Land lag bis zur Hauptstadt mehr oder weniger wehrlos zu den Füßen des Invasionsheeres. Dann konnte der Gegner schwerlich die Friedenshand zurückweisen, die man ihm hinstreckte.

Wenn er aber wider Erwarten doch auf der Fortführung des Krieges beharren sollte, dann — war man durchaus nicht etwa entschlossen, die eigenen bedeutenden Streitmittel mit rascher Entschiedenheit zu gebrauchen. Wie nach Vollendung des neuen Aufmarsches schon die äußere Gestalt der Heeresoperation derjenigen vom Herbst 1813 gleichen mußte, so wollte man auch — nach Schwarzenbergs schon früher erwähnter Denkschrift*) — genau das gleiche Spiel von frontaler Beobachtung und von flankierender Bedrohung wieder aufleben lassen, mit dem man im Herbstfeldzuge so viel kostbare Zeit versäumt hatte, und es sollte abermals zum Hauptgrundsatz werden, die Schlacht überall da zu vermeiden, wo der Gegner sie suchte. Denn auch die glänzenden Ergebnisse der Schlacht bei Leipzig waren nicht imstande gewesen, den Oberfeldherrn der Verbündeten von seiner Furcht vor Napoleon zu heilen.

Da alle Dinge in der Welt ihre zwei Seiten haben, so darf man auch den einzigen Vorteil des eingeschlagenen Weges nicht verkennen. Die Truppen der Verbündeten erhielten Zeit zur Erholung, die vielen unter ihnen in hohem Grade nottat, am allermeisten dem Yorckschen Korps. Die längere Ruhe in guten Quartieren, die Wiederauffüllung der gelichteten Reihen durch Ersatzmannschaften, die Ergänzung der Bewaffnung, Ausrüstung und Bekleidung waren eine Wohltat für die erschöpften Truppen. Die Operationspause im Spätherbst 1813 gestattete auch verschiedenen Blockade- und Belagerungskorps, nach getaner Arbeit das Feldheer zu erreichen. Aus den Staaten des Rheinbundes kamen schließlich wertvolle Verstärkungen. Neben die Bayern unter Wrede traten bald die Württemberger unter dem Befehl ihres jugendlichen Kronprinzen. Beide Korps wurden der Haupt-Armee zugeteilt. Die königlich und herzoglich sächsischen Truppen erhielten als Führer den Herzog Karl August von Weimar und wurden für die Nord-Armee bestimmt.**) Das kurhessische und das badische Korps sowie drei weitere deutsche Heerteile aus verschiedenen Kontingenten sollten als eine zweite Staffel den Invasionsheeren nachrücken und zur Einschließung von Festungen dienen.

3. Widerspruchsvolle Strategie.

Am 20. Dezember überschritten die Österreicher — das I., II., III. Korps und die österreichischen Reserven der Haupt-Armee — den Rhein in der Linie Basel–Schaffhausen, schwenkten dann nach Westen in die Linie Basel–Lausanne herum und gingen bis zum Jahresschluß

---
*) Vgl. S. 41.
**) Daß Bernadotte mit seinen Schweden sich zunächst gegen Dänemark wenden durfte, ist schon im vorigen Abschnitt erwähnt. S. 84.

in breiter Front in den Jura hinein. Ihre anfängliche Avantgarde unter Feldmarschall=Leutnant Bubna rückte nach Genf und wurde zur linken Seitendeckung. Die Württemberger und Bayern — IV. und V. Korps der Haupt=Armee*) — drangen gleichzeitig in das Ober= elsaß ein, um Hüningen, Belfort und Neubreisach einzuschließen bzw. zu beobachten und die südlichen Vogesenpässe zu besetzen. Das russische Korps Wittgenstein — Nr. VI der Haupt=Armee — hatte Kehl und Straßburg zu beobachten, später einzuschließen. Die russisch=preußischen Garden und Reserven blieben einstweilen noch als Hauptreserve im südlichen Baden zurück. Die Stärke der Haupt=Armee belief sich auf rund 200 000 Mann.

Am 1. Januar 1814 begann die Schlesische Armee — im ganzen 82 000 Mann stark — ihren Rheinübergang auf der breiten Front von Mannheim bis Koblenz. Auf dem linken Flügel befand sich das Korps Sacken, bei Caub — halbwegs zwischen Mainz und Koblenz — das Korps York und etwa ein Drittel des Korps Langeron, während ein zweites Drittel dieses letzteren Korps an der Lahnmündung über= ging. Der Rest von Langerons Korps blieb vor Mainz auf dem rechten Rhein=Ufer zurück. Der Übergang war im allgemeinen gut vorbereitet und erfolgte bei der Schwäche des Gegners ohne wesentlichen Wider= stand. Nur Sackens Avantgarde mußte eine tapfer verteidigte Schanze mit ernsten Opfern erstürmen.

Nach Vollendung des Überganges hatte Langeron sich strom= aufwärts zu wenden, um Mainz auch auf dem linken Ufer einzuschließen. Die beiden anderen Korps vereinigten sich in der westlichen Pfalz. Marmont entzog sich dem entscheidenden Kampf gegen diese 50 000 Mann mit großem Geschick, aber doch nicht ohne erhebliche Verluste, und langte schon am 6. Januar an der Saar an, von wo er bald darauf an die Mosel zurückging.

Wie Marmont, sah sich auch Victor nunmehr zum Abmarsch ge= nötigt, nachdem er anfänglich den Vormarsch der Haupt=Armee durch seine Kavallerie zu beunruhigen versucht hatte. Ihm folgte Wittgenstein mit vieler Vorsicht auf der Straße nach Nancy, während seine Haupt= kräfte gegen Straßburg einschwenkten. Die Bayern und Württemberger aber zogen von den Vogesen aus in den Tälern der Meurthe und Mosel hinab. In der Gegend von Nancy fand Victor um die Mitte des Januar Aufnahme durch mehrere Garde=Divisionen unter Ney und trat nach Norden hin mit Marmont in Fühlung.

Im äußersten Norden des ausgedehnten Kriegsschauplatzes über= schritt das Korps Winzingerode am 13. Januar den Rhein bei Düssel-

---
*) Unter Wredes Befehl standen zugleich zwei österreichische Divisionen.

dorf. Macdonald zog rechtzeitig ab und nahm die Richtung auf Chalons sur Marne. Winzingerode folgte zunächst nicht über Aachen hinaus. Bülow schritt am 13. Januar im Verein mit Graham zum Angriff auf den vor Antwerpen stehenden Gegner und warf ihn in die Festung hinein. Diese war jetzt sehr stark besetzt und nur mit förmlicher Belagerung zu bezwingen. Sie deckte die Aufstellung Maisons im westlichen Teile von Belgien und ließ die Verbündeten hier fürs erste zu keinen weiteren Fortschritten kommen.

Inzwischen hatten die Österreicher ihren Vormarsch auf Langres und Dijon mit bedächtiger Stetigkeit fortgesetzt. Schwarzenberg nannte ihn gelegentlich eine „schnelle Bewegung", es kam aber tatsächlich nicht mehr als eine Meile auf jeden Tag. Besançon und Auxonne wurden vom II. Korps eingeschlossen; dahinter rückten mit starkem Abstand auch die russisch-preußischen Garden und Reserven endlich heran.

In Langres war Marschall Mortier mit zwei Garde-Divisionen — etwa 8000 Mann — noch eben rechtzeitig eingetroffen, um der Besetzung der Stadt durch die österreichischen Vortruppen zuvorzukommen. Das Gerücht hatte seine Stärke erheblich vergrößert, und es bedurfte längerer Vorbereitungen, darunter auch der Heranziehung des württembergischen Korps von der Mosel her, ehe sich Schwarzenberg zu kräftigem Vorgehen entschließen konnte. Als man am 17. Januar endlich den Angriff wagte, war Mortier bereits außer Reichweite, im Abmarsch nach Chaumont sur Marne. Schwarzenberg ließ ihm die Württemberger folgen und schob mehrere Avantgarden nach verschiedenen Richtungen vor. Mortier durfte auch bei Chaumont keinen Widerstand wagen und wich über Bar sur Aube langsam auf Troyes. Seine Stärke wuchs dabei allmählich auf etwa 20000 Mann.

Am 21. Januar traf Wrede von der oberen Mosel her an der Maas bei Neufchateau ein, und Blücher ging gegen die Mosel vor. Die drei Marschälle Ney, Marmont und Victor fühlten sich zum Widerstande nicht stark genug und traten frühzeitig den Rückzug nach der Gegend von Vitry an, wo sie nach Hinzutritt einiger Verstärkungen eine Armee von etwa 42000 Mann bildeten.

Blücher sah sich an Saar und Mosel zur Abgabe zahlreicher Truppen gegen die feindlichen Festungen genötigt und bestimmte dazu das ganze preußische Armeekorps unter Yorck. Er hoffte, daß der tapfere und entschlossene Führer vielleicht dazu gelangen werde, den einen oder anderen dieser Plätze gewaltsam zu nehmen. Aber Yorck behandelte den ganzen Gedanken so sehr als bare Unmöglichkeit, glaubte so wenig an den Erfolg, daß alle seine Versuche gleichmäßig scheiterten.

Dagegen ergab sich Toul an Sacken, als dieser den Platz mit ernstem Angriff bedrohte.

Für das Zurückbleiben von York mußte zunächst das Eintreffen Olsufiews entschädigen, der mit einem Drittel von Langerons Korps von Mainz her folgte. In weiterem Abstand rückten dahinter das preußische Korps von Kleist und eine zweite Division*) von Langeron unter General Kapzewitsch nach, endlich auch die hessischen Truppen, die York vor den Festungen ablösen sollten.

Mit Sacken und Olsufiew setzte Blücher alsbald den Vormarsch fort, zog aber nicht mehr hinter den Marschällen her, sondern schlug eine Richtung ein, die ihn der Haupt-Armee näherte. Er sah richtig voraus, daß die Franzosen in der Gegend von Chalons eine Stärke erreichen würden, der er selbst vorerst nicht gewachsen war. Ob Schwarzenberg aber wirksam eingreifen werde, wenn Blücher sich vereinzelt einem Hauptschlag des Kaisers Napoleon aussetzte, das mußte nach allen früheren Erfahrungen zweifelhaft sein. Darum wollte der Feldmarschall den unmittelbaren Anschluß an die Haupt-Armee gewinnen und sie womöglich zum Vormarsch gegen die feindliche Hauptstadt mit fortreißen. Zu deren Deckung mußte sich der Gegner jedenfalls stellen, und dann konnte eine Hauptschlacht den Krieg entscheiden.

In diesem Sinne wandte sich das Schlesische Heer auf Arcis sur Aube, wo man am 30. Januar eintreffen konnte. —

Am 26. Januar kam Napoleon in Vitry an, und schon am folgenden Tage führte er alle verfügbaren Kräfte längs der Straße nach St. Dizier vor, um Blücher zu schlagen. Er fand hier nur eine schwache Seitendeckung der Russen, erkannte bald den Sachverhalt und schwenkte mit der Masse nach Süden ab auf den Spuren des Gegners. Am 29. Januar kam es bei Brienne**) zum Gefecht. Blücher nahm aber keinen Entscheidungskampf an, sondern wich auf dem rechten Ufer der Aube stromaufwärts zurück, wo sich halbwegs zwischen Brienne und Bar (bei Trannes) eine sehr widerstandsfähige Stellung bot. Sie lag so ziemlich im Mittelpunkt der gesamten Aufstellung, welche die verbündete Haupt-Armee gerade einnahm.

Einen starken Tagemarsch östlich und nordöstlich von ihr standen als rechter Flügel die Korps von Wrede und Wittgenstein. Hinter Blüchers Russen befanden sich die Württemberger und die russisch-preußischen Garden und Reserven. Als linker Flügel breiteten sich die österreichischen Korps Colloredo und Gyulai im Raum zwischen Aube und Seine aus. Alles in allem waren es nahezu 140000 Mann, die

---
*) Richtiger ein Infanteriekorps, das aber nur Divisionsstärke hatte.
**) 3 Meilen unterhalb Bar an der Aube.

zur Schlacht gegen Napoleon zusammenwirken konnten, und was dieser selbst befehligte, betrug mit Einschluß von Mortier höchstens 65000 Mann. Bei entschlossenem Zugreifen war die Gelegenheit zu einem glänzenden Schlage gegeben, der den von beiden Seiten umfaßten Gegner mit der Vernichtung bedrohte. Von Rechts wegen hätte nur schleunigste Umkehr den Kaiser noch retten können.

Aber — um eben diese Zeit war die Strategie Schwarzenbergs auf dem merkwürdigen Punkte angekommen, daß ihr die Politik jeglichen Sieg verbot.

Im Innern der Koalition tobten damals die heftigsten Kämpfe. Nachdem am 7. Januar Frankreich selbst die baldige Eröffnung eines Friedenskongresses angeregt hatte und um die Mitte des Monats Chatillon an der Seine als Versammlungsort angenommen war, glaubte die österreichische Politik dem ersehnten Ziele nahe zu sein. Und nun sprach sich Kaiser Alexander plötzlich über seine eigentlichen Absichten aus, verwarf alle diplomatischen Verhandlungen und forderte die rücksichtslose Durchführung des begonnenen Angriffs bis zur Einnahme der feindlichen Hauptstadt und bis zur Absetzung des fränkischen Kaisers.

Sein Auftreten erweckte bei den Österreichern die lebhafteste Besorgnis vor einer Neugestaltung der Dinge, bei der eine russische Vorherrschaft in Europa an Stelle der französischen gesetzt wurde, und es ist begreiflich, daß man alles aufbot, um den Zaren bei den früheren Verabredungen festzuhalten. Österreich wollte dabei tunlichst entgegenkommen, ließ die Gewährung der „natürlichen Grenzen" fallen und erkannte die Beschränkung Frankreichs auf die Grenzen von 1792 als gebotene Forderung an. An der Verhandlung mit Napoleon aber hielt Österreich fest. Am 27. Januar erklärte Metternich, daß die österreichischen Truppen keinen Schritt weiter vorrücken würden, ehe nicht auf solcher Grundlage die Einigung erzielt sei. Darauf erfolgte die Gegenerklärung der Monarchen von Rußland und Preußen, daß sie alsdann den Krieg ihrerseits allein fortführen würden.

Es war eine hochgefährliche Krisis, denn aus der Sprengung der Koalition wäre fast mit Notwendigkeit die Verständigung zwischen Österreich und Frankreich gefolgt, deren Wirkung sich kaum abschätzen läßt. Diese Gefahr zwang beide Parteien zur Nachgiebigkeit. Der Zar gab seine Zustimmung zur Verhandlung mit Napoleon, ohne freilich auf seine Absichten zu verzichten. Und Kaiser Franz verbot seinem General, dem Fürsten Schwarzenberg, schriftlich jedes weitere Vorrücken; er empfahl ihm ferner den Rückzug, „sofern der Feind erfolgreich gegen einen oder den anderen oder gegen beide Flügel der Armee und die Verbindungen vorgehen sollte". Und um jeden Zweifel auszuschließen, besagte das Schreiben: „Sollte der russische Kaiser gegen jeden Begriff vernünftiger Operationen vorangehen wollen, so werden Sie auf der Zusammenberufung eines Kriegsrats bestehen. Im Falle Sie aber auch hier überstimmt werden sollten, so haben Sie sich auf meinen Entscheid in Ihrer persönlichen Hinsicht zu berufen."

Der Krieg ist nach Clausewitz die Fortsetzung der Politik mit anderen Mitteln, und es ist danach in keiner Weise zu beanstanden, wenn auch im Laufe des Krieges die Politik ihren Einfluß übt. Wenn aber solche Erscheinungen auftreten, dann kann die Politik nicht tadelfrei sein. Die Staatsmänner der Verbündeten hatten es leider nicht verstanden, ihre Beziehungen zueinander so vertrauensvoll zu gestalten, daß etwaige Konflikte bereits im Entstehen erstickt und gelöst werden konnten. Vor allem aber war es Kaiser Alexander, der durch Mangel an Aufrichtigkeit den Bestand der Koalition aufs höchste gefährdet hatte.

Auf dieser wunderlichen Grundlage entstand nun eine Anordnung Schwarzenbergs, die seiner diplomatischen Geschicklichkeit alle Ehre macht. Er übertrug Blücher die Zurückeroberung von Brienne, verstärkte ihn hierzu durch die Korps von Gyulai und des Kronprinzen von Württemberg und stellte auch die russischen Garden und Reserven zu seiner Unterstützung bereit; er gab endlich Wrede eine Marschrichtung, die Napoleons linke Flanke bedrohte und feindlichen Zuzug von der Marne zu verhindern geeignet war. Die beiden äußersten Flügel der Haupt=Armee, das VI. Korps rechts und das I. Korps links, blieben freilich vom Schlachtfelde weit entfernt. Wittgenstein hatte sich an der Marne abwärts zu wenden, wohin gleichzeitig York mit der Masse seines Korps von der Mosel heranrückte. Sie sollten gegen Macdonald sichern, der gerade Chalons erreichte. Colloredo aber hatte an der Seine den Marschall Mortier im Schach zu halten.

So vermied Schwarzenberg die entscheidende Hauptschlacht, welche die militärische Lage an sich gebieterisch forderte; er vermied es aber auch, den Marschall Vorwärts inmitten der Haupt=Armee völlig im Stich zu lassen. Seine eigentliche Absicht war, den großen Gegner durch das Aufgebot einer beträchtlichen Überlegenheit zur freiwilligen Räumung von Brienne zu veranlassen. Sobald das erreicht war, sollte Blücher sogleich an die Marne zurückkehren, seine nachrückenden Verstärkungen an sich ziehen und den Feind wieder aus Vitry und „selbst aus Chalons" vertreiben. Denn nur wenn man Chalons besaß, war nach Ansicht des österreichischen Generalstabs ein Vordringen der Haupt=Armee bis nach Troyes überhaupt denkbar; nur dann war deren Flanke hinreichend sicher. Den Besitz von Troyes hielt man aber für immerhin nützlich, um einen Druck auf Paris zu üben.

Napoleon war nach dem Gefecht bei Brienne noch eine Meile weit südlich, bis nach la Rothière, vorgerückt und hatte alsbald erkannt, daß ein Angriff auf Blüchers neue Stellung ihm zum Verderben werden müsse. Er war auch besorgt um Mortier, dessen Aufstellung an der Straße von Troyes nach Paris die Bildung neuer Streitkräfte deckte.*) Aber er konnte sich auch nur schwer zur Umkehr entschließen, weil in den nächsten Tagen der Friedenskongreß seinen Anfang nahm und er durch die Sicherheit seines Auftretens Eindruck zu machen gedachte.

Immerhin hatte er am dritten Tage seines Verharrens in dieser Lage, am 1. Februar, den Abmarsch zu Mortier gerade eingeleitet, als gegen Mittag der Angriff Blüchers wirklich erfolgte. Der Kaiser nahm den Kampf an, der trotz der Kürze des Wintertages ein äußerst heftiger wurde. Blüchers Russen und die Württemberger faßten die französische Front an; Wrede setzte starke Kräfte gegen die linke Flanke des Feindes ein, während Ghulai die rechte umfaßte. Auch die russischen Garden und Reserven griffen ein, und unter starken Verlusten wurde bis in den späten Abend hinein gefochten, ehe das Schlachtfeld erobert war. Napoleons Meisterschaft in der Schlachtenleitung glich wieder einmal einen bedeutenden Unterschied in der Stärke aus und ermöglichte einen geordneten Rückzug auf Troyes.

Eine Verfolgung hatte Schwarzenberg gar nicht beabsichtigt, immerhin folgte er langsam, und das Übergewicht der Verbündeten war nunmehr so groß, daß Napoleon am 6. Februar auch Troyes aufgab und auf Nogent sur Seine zurückging.

Am 3. Februar war Blücher, der vorher erwähnten Weisung des Oberfeldherrn entsprechend, von der Aube nach der Marne abgerückt, wo an demselben Tage schon Yorck in Fühlung mit Macdonald trat. Yorck war an dem kleinen Platze Vitry vorbeigegangen und warf zunächst Macdonalds Avantgarde zurück. Am 4. Februar entspann sich ein hartnäckiger Kampf um die Stadt Chalons, der dann durch Verhandlungen beendet wurde. Macdonald kam es vor allem darauf an, zahlreiches bespanntes Feldgeschütz zu retten, das in Vitry eingeschlossen war und dessen das kaiserliche Heer bringend bedurfte. So ging er auf

---

*) Darunter waren zwei Infanterie- und eine Kavallerie-Division von Soult, die etwa 90 Meilen weit herkamen, die Infanterie unter Benutzung von Wagen. Die Kavallerie war am 14. Januar, die Infanterie am 20. aufgebrochen. Die Ankunft erfolgte in der ersten Februarwoche.

die Räumung von Chalons und von Vitry gegen freien Abzug der dortigen Besatzung ein.

Als Blücher am 6. Februar etwa einen Tagemarsch südwestlich von Chalons ankam, war Macdonald gerade im Marnetal über Epernay abwärts gezogen, und der Gedanke lag nahe, ihn womöglich ganz zu vernichten. Blücher gab daher York die Weisung, diesem Gegner unmittelbar zu folgen, und setzte Sacken sofort auf die südlichere und kürzere Straße Chalons—Paris, die über Montmirail führt und oberhalb Meaux in die Straße des Marnetals mündet. Das Korps Olsufiew sollte auf eben dieser Straße im Tagemarschabstand folgen. Kleist aber und Kapzewitsch, die am 6. Februar noch um zwei Tagemärsche zurückstanden, wurden angewiesen, verlängerte Märsche zu machen. Da Olsufiew und Kapzewitsch gar keine Reiterei zur Verfügung hatten und auch Kleist nur über wenige Schwadronen verfügte, ging an Sacken der Befehl, die linke Flanke dauernd durch seine Reiter zu sichern.

---

4. Napoleons Jeu de va et vient.

Der französische Kaiser hatte kaum die ersten Nachrichten erhalten, die einen Vormarsch Blüchers auf Paris wahrscheinlich machten, als er sofort seine Vorbereitungen für einen Stoß von der Seine nach der Marne hin traf. Am 9. Februar waren von Nogent aus 30000 Mann bei Sezanne*) vereinigt, am 10. vormittags begann er die Operationen, die mit größtem Geschick geführt, aber auch durch zufällige Versäumnisse und Mißgeschick auf seiten des Feindes besonders begünstigt wurden. Am 10. traf er Olsufiew da, wo die Straße Nogent—Epernay die Straße Chalons—Montmirail kreuzt. Das schwache russische Korps**) wehrte sich tapfer und wurde völlig zersprengt. Nun ließ der Kaiser einen Heerteil unter Marmont mit der Front nach Osten zurück und wandte sich westwärts, um Sackens Korps im Rücken zu fassen. Sacken, der östlich von Meaux in Fühlung mit Macdonald war, machte sofort kehrt und rief York zu seiner Hilfe herbei. Aber York war gerade einmal wieder in einer seiner häufigen Verstimmungen gegen sein Oberkommando befangen und unterstützte Sacken nur mangelhaft. So wurden sie beide am 11. bei Montmirail geschlagen und am 12. unter großen Verlusten auf Chateau Thierry verfolgt.

---

*) Ungefähr halbwegs zwischen Nogent und Epernay.
**) In 12 Bataillonen 3700 Mann.

Nach Blüchers ursprünglichen Anordnungen hätten die Korps von Kleist und Kapzewitsch am 10. schon mit Olsufiew vereint sein müssen. Unglücklicherweise hatte Blücher aber am 9. ein Schreiben von Schwarzenberg erhalten, welches die Entsendung des Korps Kleist in der Richtung auf Nogent forderte, damit es „im Fall eines überlegenen Angriffs" dort mit dem rechten Flügel der Haupt=Armee zusammenwirken könne. Blücher hatte daraufhin am 10. Februar gleich die beiden Korps seiner hintersten Staffel südlich abbiegen lassen, um sie über Sezanne nach Nogent zu führen, wohin er auch Olsufiew nachziehen wollte.

Als Napoleons Vormarsch nach Norden festgestellt wurde, war Blücher durch einen großen Sumpf von dessen Marschstraße getrennt. So mußte Blücher wieder dahin umkehren, woher er gekommen war, was die Nacht zum 11. in Anspruch nahm. Am 11. und 12. hoffte er zunächst noch, daß Sacken und Yorck vereinigt dem Feinde gewachsen, daß sie mindestens nicht ernstlich gefährdet seien; er blieb auch noch stehen, um eine preußische Kavallerie=Brigade abzuwarten, weil ihm die Reiterei ganz besonders fehlte. Am 13. hielt er die Untätigkeit nicht länger aus, warf die vor ihm stehende Arrieregarde unter Marmont zurück und — rannte dem Kaiser in die Arme, der eben von Chateau Thierry zurückkehrte. Am 14. kam es östlich von Montmirail zum Kampfe. Blücher erkannte bald die Übermacht des Gegners und wollte ihr ausweichen. Aber nun gelangte die zahlreiche französische Reiterei zu umfassendster Tätigkeit. Sie legte sich den abmarschierenden Truppen vor, drängte von allen Seiten und erzwang das Gefecht, das Blücher vermeiden wollte. In heldenhaftem Ringen und unter schwersten Verlusten brachen sich die verbündeten Truppen schließlich die Bahn.

Am 15. Februar ließ der Kaiser von Blücher ab, der schwach verfolgt nach Chalons zurückging. Yorck und Sacken rückten über Reims am 16. gleichfalls dorthin.

Blücher hatte über 15000 Mann verloren, etwa ein Drittel seiner Stärke, und bedurfte dringend einiger Ruhe. Wenn Napoleon ihm diese Ruhe nicht gewährte, wenn er ihm am 15. mit scharfem Drängen unablässig gefolgt wäre, um die Vereinigung mit Yorck und Sacken zu hindern; wenn er auch die eben nachrückenden Verstärkungen des Schlesischen Heeres — je eine Division von Kleists und Langerons Korps — in die allgemeine Auflösung verwickelte, dann konnten — wie schon Clausewitz überzeugend dargetan hat — die Februartage an der Marne wirklich den Ausgang des Feldzugs bestimmen. Dann brauchte der Kaiser sich nur von der Mosel nach Süden zu wenden, um den eiligen Rückzug der Haupt=Armee bis an den Rhein zu erzielen.

Daran wäre auch durch den Umstand nichts geändert worden, daß Winzingerode um diese Zeit in die Linie Soissons—Reims vorgerückt war. Er hätte wohl York und Sacken zur Aufnahme gedient und sie vor völligem Untergang gerettet, er war aber nicht der Mann, um durch selbständiges Vorgehen im Rücken Napoleons das Schicksal herauszufordern. Es war also ein großes Glück für die Sache der Verbündeten, daß Napoleon die Persönlichkeit Blüchers weit unterschätzte, daß er ihm die Kraft des Willens nicht zutraute, wie sie der wackere Degen wirklich besaß, daß er ihm die Zeit ließ, seine Verstärkungen einzureihen und seinem Heer die Zuversicht wiederzugeben.

Freilich ist nicht zu bestreiten, daß die operative Lage dem französischen Feldherrn Anlaß genug zum Ablassen von Blücher und zur Umkehr gegen die verbündete Haupt-Armee bot. Denn wenn auch Schwarzenberg alles tat, um den Siegeseinzug in Paris zu verhindern, den die Politik seines Herrschers nicht wünschte, so hatte er der Macht der Verhältnisse doch nicht völlig widerstehen können. Um wenigstens den Anschein einer kriegerischen Tätigkeit aufrechtzuerhalten, erwies er einem schwachen feindlichen Detachement an der Yonne die Ehre umständlicher Operationen und schob allmählich die Masse der Österreicher und die Württemberger nach Westen vor. Und als die ersten Nachrichten von Napoleons Erfolgen einliefen, hatte er doch nicht umhin gekonnt, auf die feindliche Front bei Nogent durch Wittgenstein und Wrede einen gewissen Druck zu üben, den Kaiser Alexander sofort durch Nachführung der Garden und Reserven verstärkte. So wurden die hier stehenden Marschälle Victor und Oudinot — zusammen 36—40000 Mann — unter mehrfachen Gefechten allmählich zurückgedrängt. Als Napoleon am 14. Februar die letzte Staffel von Blücher schlug, waren Oudinot und Victor bereits zur Räumung von Nangis genötigt. Jetzt standen die Verbündeten nur noch zwei starke Märsche von der unbefestigten Hauptstadt des Reichs. Nun liegt für die heutige Forschung mit vollster Klarheit zutage, daß sie diesen trennenden Raum damals nicht überschritten hätten, falls Napoleon das Schlesische Heer nach Osten verfolgte. Schwarzenberg hätte sich an die Weisung seiner Regierung gehalten, und Kaiser Alexander hätte ein selbständiges Handeln auch nicht gewagt. Aber Napoleon mochte den Zwiespalt im feindlichen Lager vielleicht ahnen, er kannte ihn nicht.

So versuchte er wieder die alten Künste des Spiels auf der inneren Linie, kehrte um und fiel auf die Spitzen der Haupt-Armee. Wittgenstein und Wrede entzogen sich seinem Angriff ohne große Verluste, der Kronprinz von Württemberg aber wurde in Montereau an der Yonnemündung empfindlich geschlagen (18. Februar). An nachhaltige Verteidigung der Seinelinie dachte Schwarzenberg nicht, obgleich er mit Sicherheit wissen mußte, daß die Überlegenheit auf seiner Seite war; Rückzug auf Troyes war vielmehr die erste Losung. Ja, seine Schwäche und Mutlosigkeit ging so weit, daß er ohne Geheiß und Wissen von Metternich beim Feind einen Waffenstillstand beantragte. Die Verbündeten waren damals nach langen Beratungen gerade über die Vorschläge zu einem Präliminarfrieden einig geworden, der von den Grenzen von 1792 ausging. Aber wenn auch Caulaincourt bis dahin in Chatillon diese Grundlage nicht vollständig abgelehnt hatte, nun wurde sie von seinem Kaiser auf das bestimmteste verworfen, und Schwarzenbergs Antrag auf Waffenstillstand konnte natürlich nur dazu dienen, den französischen Anspruch zu steigern.

Jetzt war ja nun eigentlich ein politischer Grund zur Vermeidung der Schlacht nicht mehr vorhanden. Zudem traf schon am 21. Februar nach Überschreitung der Aube das wiedererstandene Schlesische Heer auf dem rechten Flügel der Haupt-Armee ein und brachte die zur Schlacht verfügbare Gesamtstärke auf mehr als 150000 Mann, eine tatsächlich mehr als doppelte Übermacht.

Aber um eben diese Zeit kam auch aus dem Süden die Nachricht, daß der Feind von Lyon und Grenoble her vordringe. Es war der Marschall Augereau mit etwa 20000 Mann, der auf Napoleons wiederholtes Drängen um die Mitte des Februar die Offensive ergriff.*) Was an der Saone und bei Genf gegen diesen Angriff verfügbar war, das II. österreichische Korps und die Division Bubna, war numerisch kaum schwächer und an innerem Wert überlegen. Wenn man Genf räumte und alle Kräfte zusammenfaßte, dann war dem Vordringen des Feindes leicht ein Ziel zu setzen. Vermutlich hätte man die eben beginnende Belagerung von Besançon aufgeben müssen. Da der dort verwendete Geschützpark aber aus der Schweiz entlehnt war, so war der Verlust zu ertragen.

Schwarzenberg sah natürlich die Lage ganz anders an. Er ließ sofort das ganze, 30000 Mann starke I. Armeekorps nach Dijon zurückgehen und — fühlte sich dann zu schwach, um die Schlacht gegen Kaiser Napoleon zu wagen. In weiterer Folge wurde der Rückzug auf Langres beschlossen. Was erst geschehen wäre, wenn Napoleon selbst von Süden her vorrückte und wenn er über eine große Armee von mindestens 100000 Mann gebot, das läßt sich hiernach gar leicht ermessen.

---

*) Augereau hatte um diese Zeit etwa 10 000 Mann von Suchet erhalten, Infanterie zu Wagen.

Unter diesen Verhältnissen tauchte beim Schlesischen Heer der Gedanke auf, sich abermals von der Haupt=Armee zu trennen und durch die Vereinigung mit Winzingerode und dem gleichfalls nachrückenden Bülow zu wirklich fruchtbarer Tätigkeit zu gelangen. Der Kaiser von Rußland und der König von Preußen gaben ihre Zustimmung, und auch Schwarzenberg war zunächst ganz damit einverstanden. Er dachte — und mit gutem Grund — an die Schwierigkeiten der Verpflegung beim allgemeinen Rückzug, auch war ihm ein Druck auf die Flanke des Gegners durchaus genehm. Als der Oberbefehlshaber sich bald darauf anders besann und Blücher zurückrief, war es zu spät. Der Feld= marschall war sofort nach erhaltener Erlaubnis abgerückt (24. Februar), wobei er die Aube nicht weit von ihrer Mündung passierte. Dann hatte er bei Sezanne den Marschall Marmont verdrängt und war ihm gefolgt: er konnte nicht ohne Gefahr zurück.

Blücher gedachte sich in der Gegend von Meaux mit Bülow und Winzingerode zu vereinigen, von denen der erste z. B. bei Laon, der zweite in Reims stand. Nach erfolgter Vereinigung gebot er über ein Heer von mindestens 110000 Mann. Dann wollte er auf Paris marschieren.

Inzwischen war die verbündete Haupt=Armee von Troyes auf Bar sur Aube zurückgegangen, wohin ihr ansehnliche Kräfte des Gegners unter Oudinot folgten. Napoleon schob einen anderen Heerteil im Tal der Seine hinauf, mit den Massen der Garde blieb er weit da= hinter bei Troyes. Am 27. Februar erkannte er, daß Blüchers Ab= marsch den Keim einer neuen Gefahr enthielt, und schickte sich an, ihm über Arcis nachzurücken.

Marmont war in der Gegend östlich von Meaux durch Mortier aufgenommen worden, dem seit der Mitte des Monats die Beobachtung nach Norden hin oblag. Beide Marschälle wichen dem Angriff Blüchers seitlich aus und stellten sich westlich von Meaux so auf, daß ihnen der Rückzug auf Paris verblieb. Blücher überschritt nun die Marne etwa zwei Meilen östlich der Stadt und nahm dann die Front nach Süden. Gleich darauf wurde es wahrscheinlich, daß Napoleon schon früher an der Marne sein werde als Bülow und Winzingerode, und darauf verlegte Blücher den Sammelpunkt weiter nach rückwärts, den be= freundeten Truppen entgegen. Bülow und Winzingerode waren gleich= mäßig von der Festung Soissons angezogen worden und machten am 2. März den Versuch, sie gewaltsam zu nehmen. Als dieser Versuch zunächst mißglückte, entschloß sich Blücher zu noch weiterem Zurückgehen, um sich nicht mit der feindlichen Festung im Rücken zu schlagen. Er wählte eine Aufstellung auf den steilen Höhen hinter (nördlich) der

Aisne, die freilich in der Front kaum anzugreifen war, die also dem Zweck einer Schlachtstellung wenig entsprach. Die Bewegung dorthin war bereits im Gange, als Soissons sich nachträglich noch ergab und der an sich nicht sehr triftige Grund zum Zurückgehen völlig hinfällig wurde. Man ließ es nun aber bei der einmal gefaßten Entschließung.

Napoleon war von Arcis über Sezanne den Spuren des Schlesischen Heeres gefolgt, hatte durch die Zerstörung der Marne-Übergänge*) erheblichen Aufenthalt erlitten und drängte dann hinter Blücher her, dem auch die Marschälle Mortier und Marmont stets an der Klinge blieben. Im Verein mit den Marschällen verfügte der Kaiser allerhöchstens über 50 000 Mann, und das Gewicht seiner Persönlichkeit kam gerade Blücher gegenüber im allgemeinen weniger in Betracht. Es war also ein Unternehmen von äußerster Kühnheit, daß Napoleon auch jetzt im Angriff verharrte. Zunächst versuchte er Soissons wiederzunehmen. Als sich die russische Besatzung nicht einschüchtern ließ, marschierte er nach dem entgegengesetzten Flügel ab und überschritt die Aisne auf der Straße von Reims nach Laon. Am nächsten Tage, dem 7. März, wandte er sich von hier nach Westen und erzwang in der blutigen Schlacht von Craonne den Zutritt auf das hohe und steilrandige Plateau, wo Blücher stand. Die merkwürdige Eigenart der örtlichen Verhältnisse, der Mangel an Raum auf der Hochfläche und ihre nahe Umrahmung durch die Aisne im Süden, durch einen sumpfrandigen Bach im Norden, verhinderte Blücher am rechten Gebrauch seiner Übermacht. Der Versuch, die Masse der Reiterei in nördlich ausholender Umfassung in des Feindes Rücken zu senden, scheiterte an ärgerlichen Reibungen und Versäumnissen. Schließlich wurde der angegriffene linke Flügel nicht genügend unterstützt und aufgenommen, und so blieb die Schlacht bei Craonne abermals ein Sieg der französischen Waffen.

Blücher ging auf Laon zurück und stellte sich hier in dichtgedrängter Schlachtlinie zu beiden Seiten der Anhöhe auf, welche die Stadt und frühere Festung trägt. Leider traute er der Festung Soissons nicht die nötige Widerstandskraft zu und befahl ihre Räumung.

Und Napoleon setzte den Angriff fort. Er war in diesen Tagen zu dem Entschluß gekommen, seine Kriegführung ganz in den Rücken der Gegner zu verlegen, aus den östlichen Festungen alle nur irgend tauglichen Streitkräfte herauszuziehen und durch sein persönliches Erscheinen in jenen Gegenden dem Volksaufstand einen größeren Auf-

---

*) Die Marne-Übergänge waren durch die Marschälle zerstört, als Blücher anrückte. Dieser verfügte aber über Pontonmaterial, mit dem er die Marne zweimal, die Aisne ungefähr viermal überbrücken konnte. Napoleon hatte keine Pontons.

Schwung zu geben. Vor Ausführung dieser Absicht wollte er Blücher noch weiter zurückdrängen. So setzte er sich am 9. März mit seinen Hauptkräften auf die Straße Soissons—Laon, während Marmont mit dem Rest auf die Straße von Reims verwiesen wurde. Eine sumpfige Niederung südlich von Laon trennte die beiden Flügel und steigerte die Schwierigkeiten des Angriffs.

Aber Blücher nützte den Vorteil der Lage nicht so aus, wie das Maß seiner Kräfte es erlaubte. Er war augenkrank und vom Fieber gepackt. Sein Standpunkt bei der Stadt erlaubte zwar einen weiten Überblick, man glaubte aber doch den ganzen Tag, daß die Hauptmasse des Gegners von Südost herkommen müsse, wo sich tatsächlich nur der Nebenangriff entfaltete. So schob Blücher die Reserven nach links und verpaßte die Gelegenheit, den Kaiser zu überwältigen. Der späte Abend glich dann wieder aus, was am Tage verfehlt war. Da ging Yorck mit dem I. und II. preußischen Korps zu einem nächtlichen Überfall vor und zwang Marmonts Heerteil unter schweren Verlusten zu eiliger Flucht.

Wenn jetzt das Schlesische Heer zu kräftigem Angriff schritt, so konnte es mit einem Schlage den Feldzug enden.

Aber Blüchers Krankheit steigerte sich und er konnte den Oberbefehl nur noch dem Namen nach führen. Der älteste Korpsführer, der jetzt wieder eingetroffene Langeron, lehnte die Stellvertretung ab. So führte Gneisenau die Geschäfte und war durch die Abneigung Yorcks gegen seine Person zur Zurückhaltung genötigt. Zudem war im Hauptquartier des Schlesischen Heeres der Zweifel aufgetaucht, ob die bisherige rückhaltlose und opferfreudige Hingebung für die Bundessache auch dem eigenen Staat gegenüber wohl zu verantworten sei. Wenn alle übrigen Mitkämpfer mit offensichtlicher Rücksichtslosigkeit nur ihre eigenen Interessen verfolgten, dann durfte wohl auch das preußische Heer sich nicht völlig aufreiben im Kampf gegen Frankreich. Es mußte darauf bedacht sein, im Augenblick des Friedensschlusses noch in achtunggebietender Stärke dazustehen.

So kam es, daß das Schlesische Heer seinen Sieg nicht verwertete, daß eine außergewöhnliche Gelegenheit zur Erzielung des höchsten Erfolges ungenützt blieb.

Bald sollte Napoleon aufs neue zeigen, daß Tätigkeit der Kern seiner Kriegskunst war. Reims war damals von etwa 3—4000 französischen Nationalgarden besetzt und wurde am 12. März von einem russisch-preußischen Heerteil unter St. Priest, den nachrückenden letzten Resten von Kleists und Langerons Armeekorps erstürmt, wobei die Besatzung zum größten Teil in die Hand der Verbündeten fiel. Aber schon am 13. war der Kaiser zur Stelle und zersprengte die Sieger, die über 3000 Mann und mehr als 20 Geschütze verloren. In Reims verstärkte Napoleon sich durch eine Division, die aus den Ardennen=Festungen zusammengezogen war. Auf eine weitere Division aus Metz glaubte er schon in den nächsten Tagen zählen zu können; doch mußte sie sich ihren Weg erst bahnen. Der Aufstand im Osten wuchs stetig, zumal in der weiteren Umgebung von Verdun, von wo aus die Besatzung weithin streifte. Die schwachen Blockadekorps und Etappen=besatzungen der Verbündeten waren allmählich wirklich gefährdet, und wenn der Kaiser sich jetzt nach dem Osten begab, so durfte er wohl darauf hoffen, daß das ganze Gebiet bis zum Rhein sich rasch vom Feinde befreite. —

Wir haben die Haupt=Armee der Verbündeten in dem Augenblick verlassen, wo ihre Massen hinter die Aube zurückgegangen waren. Die Garden und Reserven standen damals schon wieder bei Langres, und tiefe Niedergeschlagenheit erfüllte die Reihen des Heeres. Der verderbliche Einfluß seiner Kriegskunst konnte selbst Schwarzenberg nicht entgehen und veranlaßte ihn dazu, eine vorteilhafte Gelegenheit auszunützen, auf die König Friedrich Wilhelm ihn aufmerksam machte. So kam es am 27. Februar zur Schlacht bei Bar sur Aube, in welcher der Marschall Oudinot durch die Korps von Wrede und Wittgenstein empfindlich geschlagen wurde.

Am 28. Februar erfuhr man Napoleons Abmarsch gegen Blücher, und im freieren Aufatmen nach überstandener Gefahr kam man in den nächsten Tagen zu einem immerhin bedeutenden Entschluß: die ver=bündeten Mächte verpflichteten sich in einem neuen Vertrage (von Chaumont) zu einmütiger Durchführung des Kampfes bis zur Er=reichung eines allgemeinen Friedens, der die Unabhängigkeit der Staaten und die Unantastbarkeit ihrer Rechte sichere. Dadurch erlangte ein eben an Napoleon gerichtetes Ultimatum einen wesentlich ernsteren Sinn; aber ein wirklicher Zwang zum energischen Handeln lag darum für Schwarzenbergs Denkweise doch noch nicht vor. Mit äußerster Vorsicht schob er die Haupt=Armee wieder auf Troyes vor, das am 4. März besetzt werden konnte. Dann trat ein achttägiger Stillstand ein, weil Schwarzenberg trotz mehr als dreifacher Übermacht den Angriff auf den Seine=Abschnitt bei Nogent nicht wagte. Von irgend welcher Einwirkung auf die Kämpfe zwischen Napoleon und Blücher war für diesen neuen Cunctator gar nicht die Rede. Und als am 15. März — nach dem Siege bei Laon — endlich die ersten einleitenden Schritte geschehen waren, um auch an der Seine weiter vorwärts zu kommen, da lief die Nachricht von dem Verluste von Reims ein und erweckte abermals höchste Besorgnis. Die Offensive über Nogent blieb auf ein Gefecht der Vortruppen beschränkt, und der Rückzug an die Aube wurde begonnen.

Aber jetzt trat eine politische Wendung ein, die Schwarzenbergs Zaudern endlich den letzten Vorwand entzog. Caulaincourt legte in Beantwortung des Ultimatums so völlig unannehmbare Vertrags= bedingungen vor, daß den Verbündeten die Geduld ausging und sie den Kongreß für geschlossen erklärten. Jetzt blieb nur übrig, die Gewalt zu gebrauchen, und damit war der Ausgang sofort entschieden.

Der französische Kaiser hatte am 17. März von Reims aus den Marsch über Epernay nach Arcis angetreten. Er führte nicht ganz 20000 Mann mit und ließ eine nur wenig größere Streitmacht unter Marmont und Mortier an der Aisne gegen Blücher zurück. Er glaubte die Haupt=Armee im ernsten Kampf gegen Macdonald, der die Armee an der Seine (etwa 30000 Mann) befehligte, und er gedachte bei Troyes in den Rücken Schwarzenbergs zu gelangen. Als er bei Arcis und unterhalb die Aube erreichte, war die Lage völlig verändert: die Massen der Haupt=Armee standen schon wieder östlich von Troyes, und der Oberfeldherr traf gerade — nach mehrfachen Schwankungen — seine weitschweifige Anordnung, um den Kaiser Napoleon anzu= greifen. Leider mißglückte der Schlag, weil die Aufklärung diesmal versagte. Die Hauptkräfte der Verbündeten wurden am 20. März in falscher Richtung angesetzt und kamen nicht auf das Schlachtfeld. Nur eins ihrer Korps — Wrede — traf bei Arcis den Feind und erlitt sehr schwere Verluste. Am 21. März war endlich die ganze Armee versammelt; ihr sorgfältiger Aufbau ließ jedoch die besten Stunden versäumen, und als der Befehl zum Angriff erfolgte, war es für große Erfolge zu spät.

Napoleon hatte an diesem Tage zunächst geglaubt, nur Arriere= garden vor sich zu haben. Als er die gewaltige Überlegenheit der Feinde erkannte, war Vermeidung des Kampfes geboten. Er wartete nur noch die Annäherung von Macdonald ab, dem er von Nogent heranzukommen befohlen hatte; dann trat er mit all seinen Truppen den Marsch nach dem Osten an. Arcis wurde von einer starken Nachhut hartnäckig behauptet, zuletzt die Brücke zerstört. Auch Marmont und Mortier erhielten die Weisung, dem Kaiser zu folgen.

———

5. Der Ausgang.

So war nun eine der merkwürdigsten Lagen entstanden, von denen die Kriegsgeschichte erzählt. Napoleon gab das Spiel auf der inneren Linie auf, ließ die Wege nach der unbefestigten Hauptstadt vollständig offen und wollte den Gegner hinter sich her nach dem Osten ziehen. Er rechnete dabei auf die Uneinigkeit im Lager der Feinde und auf die Mattherzigkeit ihrer militärischen Leitung. Wenn sie befürchten mußten, daß der Volksaufstand zu hellen Flammen emporloderte, daß die Festungsbesatzungen befreit wurden und das Heer des Kaisers verstärkten, dann war es nicht unwahrscheinlich, daß sie sich zur Umkehr entschlossen. Es genügt somit nicht, bei dieser Gelegenheit darauf hinzuweisen, daß Genie und Wahnsinn mitunter nahe beisammen wohnen. Der Kaiser hatte in seiner langen Praxis als Staatsmann und Feldherr so oft erfahren, daß die Stärke seines Willens eine ungeheure Macht war; er war berechtigt, ihre Wirkung auch jetzt zu versuchen. Vor allem aber: er konnte nicht anders. Wenn ihm die Friedensbedingungen von Frankfurt schon als eine Unmöglichkeit erschienen waren, die Bedingungen von Chatillon waren es wirklich. Er konnte nicht auf die Grenzen verzichten, die die Revolution dem Lande errungen hatte; er mußte untergehen, wenn der Sieg ihm versagt blieb.

Nunmehr ging das Schicksal seinen Weg mit Riesenschritten. Napoleon zog über Vitry, um den Platz im Vorbeigehen zu nehmen. Als es mißlang, ging er weiter die Marne hinauf. Die Haupt-Armee der Verbündeten folgte auf Vitry, wo sie am 24. März eintraf. Hier wurde die Fühlung mit Blücher gewonnen, dessen starker linker Flügel jetzt in Chalons stand. Damit war den Marschällen Marmont und Mortier der Weg zum Kaiser verlegt. Als die Absicht Napoleons erkannt war — wozu ein aufgefangener Brief an die Kaiserin wesentlich beitrug — entstand eine Krisis von ernstester Art. Die Umkehr wurde reiflich erwogen, und es scheint fast, als wäre die Neigung dazu sehr groß gewesen. Dann aber siegte der offensive Gedanke, der Marsch auf Paris. Winzingerode mit der starken Reiterei seines Armeekorps wurde zur Verfolgung des Kaisers bestimmt, die Massen von beiden Heeren nahmen dagegen die Front nach dem Westen. Große Reitermassen gingen voraus. In der Gegend östlich von Fère Champenoise erfolgte der Zusammenstoß mit Marmont und Mortier, die erst auf dem Marsche nach Vitry den Ernst ihrer Lage erkannten und in fester Haltung den Rückmarsch antraten. Aber 12000 Reiter der Haupt-Armee auf ihren Fersen zwangen sie wiederholt zum Kampf und brachten ihnen große Verluste bei. Zwei von der Seine her dem Kaiser nachgefolgte Divisionen, die einen großen Transport von Munition und Verpflegungsmitteln geleiteten, wurden gleichzeitig von Blüchers Reitern zusammengehauen und gefangen. Nun standen York und Kleist um diese Zeit (25. März) schon in Montmirail und bedrohten die Marschälle auch in Flanke und Rücken. Trotzdem gelang es ihnen am nächsten Tag, sich der Einkesselung zu entziehen und durch scharfes Umbiegen nach Süden über Provins vor der Vernichtung zu retten. Mit diesem Umweg gaben sie freilich den Weg nach Paris dem Feinde frei, und am 28. März stand Blücher so dicht vor der schwach besetzten Hauptstadt, daß er für den folgenden Tag den Angriff ins Auge fassen konnte.

Aber Kaiser Alexander hatte wiederholt kundgegeben, daß er mit den Garden zuerst in Paris einrücken wolle, und darum mußte jetzt die Schlesische Armee sich seitlich schieben und die Hauptstraße über Meaux für die Garden freimachen. Darüber verlor man den 29. März, und bis zum 30. früh standen Marmont und Mortier schlachtbereit vor den Mauern der Hauptstadt auf den Höhen von Belleville und Montmartre. Freilich konnte auch ihr kräftiger Widerstand das Schicksal des Tages nicht wenden, aber der Sieg der Verbündeten kostete mehr als 8000 Mann.

Napoleon erkannte am 26. März, daß nur schwache Kräfte ihm folgten, und erfuhr am Tage darauf den Marsch des Feindes auf Paris. Nun gab er seinem Heere die Richtung auf Troyes, um es nach der Hauptstadt zu führen. Als die Truppen ihm nicht mehr folgen konnten, eilte er selbst voraus. Am 30. abends traf er zwei Meilen südlich Paris auf zurückmarschierende Truppen und hörte von ihnen den Ausgang der Schlacht. Er schickte seiner Armee die Weisung zum Halten und prüfte die Frage, ob noch weiterer Widerstand möglich sei. Sein Blick mußte dazu vom Herzen des Landes aus nach dessen Grenzgebieten schweifen.

Im äußersten Norden des Hauptkriegsschauplatzes, in den Niederlanden, hatte am 9. März die englische Division Graham sich vor Bergen op Zoom bei einem Sturmversuch blutige Köpfe geholt und in den Werken der Festung 2000 Gefangene verloren. Jetzt stand Maison mit 10000 Mann südwestlich von Brüssel gegen den Herzog von Weimar im Felde und konnte, gestützt auf die nordfranzösischen Plätze, sich jedenfalls noch längere Zeit behaupten.

Augereau im Südosten hatte sich seiner Erfolge vom Ende des Februar nicht lange erfreuen dürfen. Vom 3. März ab nahmen die Operationen der österreichischen Süd-Armee unter Erbprinz von Hessen ihren Anfang und fanden ihren Höhepunkt am 20. März in der ernsten

Schlacht bei Limoux (10 km nördlich Lyon auf dem rechten Ufer der Saône). Augereau wurde zum Rückzug über Lyon auf Valence gezwungen und mußte auch seine Nebenkolonnen im Alpengebiet allmählich zurückziehen.

Der Marschall Soult war am 27. Februar bei Orthez*) durch Wellington besiegt worden, hatte im Rückzug eine östliche Richtung eingeschlagen und stand seit dem 23. März in fester Stellung bei Toulouse, die Wellington vorerst nicht anzugreifen wagte. Dagegen hatte der englische Feldherr seinen Erfolg nach anderer Richtung ausgenützt, hielt seit dem 12. März Bordeaux besetzt, wo sich bourbonische Kundgebungen regten, und stand in Verbindung mit einem englischen Geschwader an der Mündung der Gironde. Hier in der Nähe der Vendée konnte eine größere Volksbewegung gegen den Kaiser sehr wohl entstehen. Auf dem anderen Flügel der Pyrenäenfront stand Suchet noch immer am Südfuß des Gebirges. Ihm hatte der Kaiser zu Anfang März noch einmal 10000 Mann zugunsten von Augereau entzogen, und der größte Teil seines zusammengeschmolzenen Heeres war jetzt als Besatzung auf eine Reihe von Plätzen verteilt.

In Italien war es Eugen am 8. Februar in einer blutigen Schlacht gelungen, seine Stellung am Mincio zu behaupten; im März konnte er vorübergehend sogar südlich des Po an Boden gewinnen. Am 9. März landete eine englische Division von Sizilien her in Livorno, und damit bereitete sich gegen Ende des Monats ein Angriff auf den Hafen la Spezzia vor.

Mit dem Auge Napoleons gesehen, der bei allen derartigen Dingen stets die Lichtseiten hervorhob, war diese Gesamtlage immer noch reich an Hoffnung. Er konnte zwischen Paris und der Loire etwa 60000 Mann zusammenbringen und sie im Rückzug allmählich verstärken. Wenn dann der Aufstand im Osten seinen Fortgang nahm, war eine Wendung der Dinge vielleicht nicht unmöglich.

Aber die Entscheidung fiel in Paris, ehe der Kaiser es hindern konnte. Am 31. März jubelten die Pariser den einziehenden Verbündeten zu, und die weiße Kokarde erschien an den Hüten. Am 1. April trat eine provisorische Regierung zusammen, von Talleyrand geleitet, und sprach alsbald des Kaisers Absetzung aus. Am 6. April berief der Senat Ludwig XVIII. auf den Königsthron, und mehrere Marschälle schlossen auf eigene Faust Waffenstillstandsverträge mit den Verbündeten ab. Da hat sich der Kaiser zur Abdankung entschlossen.

---

*) 7 bis 8 Meilen östlich von Bayonne.

IV. Abschnitt.
Der Feldzug von 1815.

1. Napoleon zum Kriege gezwungen.

Im März 1815 spielte sich einer der wunderbarsten Vorgänge in der Weltgeschichte ab, der Umsturz des Bourbonenthrones durch das einfache Erscheinen Bonapartes auf französischem Boden.

Die Bourbonen hatten freilich im Laufe eines knappen Jahres in ausgiebigstem Maße gezeigt, daß sie „nichts gelernt und nichts vergessen" hatten. Aber mit Ludwig XVIII. war den Franzosen doch auch der langersehnte Friede gekommen, und Talleyrands geschickte Vertretung der französischen Interessen auf dem Wiener Kongreß sicherte dem Lande ein Maß von Ansehen und Bedeutung, wie es nach den vorangegangenen Niederlagen kaum zu erwarten war. Das französische Volk hätte auch die Mißstände der Gegenwart wohl noch lange ohne ernsten Widerstand ertragen, zumal die verfassungsmäßige Mitwirkung seiner Vertreter an der Gesetzgebung und dem Gesamtleben des Staates ihm die Gelegenheit zur Aussprache bot.

Aber Napoleons kühnes Unternehmen glückte, weil die Armee mit der Gegenwart unzufrieden war und mit Begeisterung an der Vergangenheit hing. Als der Sieger aus hundert Schlachten am 7. März, eine Woche nach der Landung, in einem Engpaß vor Grenoble in gelassener Haltung den ersten Truppen gegenübertrat, die ihn bekämpfen sollten, da gab der befehlende Offizier vergeblich das Kommando zum Feuern. Die Soldaten warfen sich dem Kaiser zu Füßen und umklammerten seine Kniee. Und dieser Abfall von der im Jahre vorher beschworenen Pflicht setzte sich fort in immer gesteigerten Verhältnissen. Von Grenoble brach der Kaiser schon mit fünf Regimentern auf, in Lyon trat eine Reihe weiterer Truppenkörper hinzu. Vergeblich versprach Ney dem Könige, ihm Napoleon in einem eisernen Käfige zuzuführen; er ahnte nicht, welche Gewalt dieser Mann über ihn hatte. Ney hatte kaum den Befehl über einen Heerteil übernommen, um mit ihm den Kaiser anzugreifen, da erhielt er ein Schreiben von diesem, das ihn einfach anwies, die Operationsbefehle des major-général Bertrand zu befolgen. Damit war Ney dem früheren Gebieter zurückgewonnen und führte ihm seine jubelnden Krieger zu. An die Verteidigung von Paris war gar nicht zu denken, weil die Masse der dortigen Truppen ihrer Hingebung für die Person des Kaisers unverhohlen Ausdruck gab. So mußte Ludwig XVIII. fliehen, und am 19. März zog Napoleon in die Tuilerien ein.

Und wo immer der Versuch gemacht wurde, die Herrschaft des Königs aufrechtzuerhalten, in der Vendée, in Bordeaux, Toulouse und im unteren Rhonegebiet, überall traten die Truppen alsbald auf die Seite des Kaisers und gaben damit sofort die Entscheidung. Die höheren Kommandeure sind dabei nur in vereinzelten Fällen die wirklich Führenden gewesen, sie folgten öfters nur widerwillig, und viele blieben dem König treu. Die Führung lag bei den Massen, die als Prätorianer das Schicksal des Staates nach ihrem Gefallen bestimmten. Ein solcher Geist war ja eigentlich unerhört in einem Heere, das durch die Revolution in besonderem Maße auf volkstümliche Basis gestellt war, er war aber allmählich erwachsen in zwei Jahrzehnten des Heldentums unter Napoleons Führung.

Napoleon hatte das Wagnis unternommen in der Hoffnung, es werde ihm vergönnt bleiben, Frieden zu halten, und es war sein erstes Bestreben, die Friedfertigkeit seiner Gesinnung nach jeder Richtung hin feierlich zu versichern. Der Friede, den er vorfand, war von anderen geschlossen, und was daran etwa ungünstig war, das konnte dem Kaiser nicht zur Last gelegt werden. Napoleon wußte, daß die grundverschiedenen Interessen der Großmächte auf dem Wiener Kongreß hart aneinander geraten waren — so sehr, daß im Anfang des Jahres 1815 ein Krieg zwischen England, Österreich und Frankreich als der einen Partei, Rußland und Preußen als der anderen erwartet wurde.

Die Weltpolitik hatte dem bourbonischen Frankreich rasch wieder zu einer nahezu führenden Rolle verholfen. Da durfte Napoleon wohl hoffen, eine Stellung zu gewinnen, die ihm in friedlicher Arbeit die Befestigung seiner Dynastie auf dem Throne gestattete. In diesem Sinne legte er den Schwerpunkt seiner ersten Tätigkeit in die Verfassungsfragen, in den Ausbau des Kaisertums durch demokratische Institutionen, und darum betrieb er anfänglich auch die Neuorganisation der Armee mit einer gewissen Zurückhaltung. Er nahm zunächst Abstand davon, die Konskription wiederherzustellen, durch deren Beseitigung Ludwig XVIII. sich die Zuneigung des Volks zu erringen versucht hatte, er beschränkte sich darauf, die Beurlaubten wieder einzuberufen*) und außerdem die allgemeine Verpflichtung zum Dienst in der Nationalgarde weiter auszubauen.

Aber des Kaisers friedliche Gesinnung fand keinen Glauben. Europa hatte so schwer unter ihm gelitten, daß man mit seltener Einmütigkeit in seiner Rückkehr auf den Thron eine neue, furchtbare Gefahr sah, die sofort alle Gegensätze ausglich. Schon während seines Siegeszugs nach Paris kam die neue große Koalition zustande, welche nicht nur die Heere aller Großmächte gegen ihn ins Feld stellte, sondern nahezu sämtliche Staaten Europas zum Kampf gegen den Feind jeder gesetzlichen Ordnung aufforderte. Ausdrücklich wurde der Kaiser von der Nation getrennt, die man zum Ausharren bei ihrem legitimen Herrscher ermahnte. Vergebens hatte Napoleon gehofft, daß seine Gemahlin mit dem jungen König von Rom seinem Rufe folgen werde: sie stellte sich unter den Schutz der verbündeten Mächte.

So blieb denn keine Wahl, die eisernen Würfel mußten entscheiden.

Wäre nun der Kaiser der Opferwilligkeit seines Volkes sicher gewesen, so hätte er dem neuen Kriege mit Ruhe entgegengehen können. Die Heere der Verbündeten mußten freilich riesenhafte Zahlen erreichen. Aber die Russen waren weit entfernt und die Zeit ihres Anmarsches kam der französischen Vorbereitung zugute. Mit der im größten Maßstabe geplanten Nationalgarde — es sollten in mehr als dreitausend Bataillonen über zwei Millionen Streiter aufgestellt werden — konnte man die zahlreichen Festungen stark besetzen, und wenn die ausgedienten Soldaten dem Rufe zu freiwilligem Wiedereintritt in das Heer so Folge leisteten, wie zu erhoffen war, dann mußte dieses Heer bald wieder eine gewaltige Waffe in der Hand seines Meisters werden.

Von der Sorge um Paris wollte der Kaiser sich freimachen. Die Befestigung wurde angeordnet — freilich erst am 1. Mai —, und die dauernde Besatzung wurde auf 90000 Mann bemessen, aus Marinetruppen, Depottruppen und Nationalgarden bestehend; dazu 300 schwere Schiffsgeschütze und 30 Feld-Batterien.**)

---

*) Darunter waren große Massen von Leuten, die sich 1814 vor oder nach dem Friedensschluß in ungesetzlicher Weise von der Truppe entfernt hatten, deren Verfolgung aber unterblieben war, weil es an Geldmitteln zur Unterhaltung eines hohen Effektivstandes fehlte.

**) Diese Geschützzahlen sind tatsächlich noch überschritten worden.

Hätte sich die Nation voll und ganz auf die Seite des Kaisers gestellt, dann wäre er — mit seinen 45 Lebensjahren — auch noch immer derselbe Mann der unerschöpflichen Mittel, des unermüdlichen Fleißes, des niemals versagenden Willens gewesen, dessen geniale Kraft mit der Größe der Aufgabe wuchs.

Aber die Nation im ganzen verhielt sich jetzt entweder feindlich oder kalt. In der Vendée fingen die Unruhen sehr bald wieder an, so daß es im Juni an mehreren Stellen zu schweren Kämpfen kam; in verschiedenen Städten des Südens mußten die vorhandenen Nationalgarden entwaffnet werden, an zahlreichen anderen Stellen war ihre Organisation untunlich. Der Wiedereintritt der Veteranen in die Armee blieb weit hinter jeder Erwartung zurück, und das Verhalten der noch zum Dienst verpflichteten Urlauber machte Zwangsmaßregeln nötig. In den nördlichen Garnisonen an der belgischen Grenze nahm sogar die Fahnenflucht nach Gent, der Residenz Ludwigs XVIII., einen wirklich bedenklichen Umfang an.

Mit dem Bestreben des Kaisers, die eigene Friedfertigkeit darzutun, war es gegeben, daß er den ruhigen Gang seiner staatlichen Neuschöpfung nicht unterbrach, daß er die große Volksabstimmung über die neue Verfassung und die gesetzliche Bildung der Kammern ruhig vor sich gehen ließ, um erst von diesen größere Geldmittel zu fordern. Darum fehlte ihm aber auch jede Möglichkeit, sein Kriegsmaterial rasch zu vervollständigen.

So kam der Kaiser allmählich zu der Erkenntnis, daß in seiner besonderen Lage nur ganz ungewöhnliche Mittel den Erfolg zu sichern vermochten. Er mußte entweder in kürzester Frist an irgend einer Stelle einen unzweideutigen Sieg erringen, der die inneren Gegner einschüchterte und den Mut seiner Anhänger belebte, der also die Stimmung der Nation gründlich umwandelte, oder er mußte untergehen. Nur durch einen erheblichen Sieg waren die Kräfte zu gewinnen, deren man zum Widerstand gegen die Koalition unbedingt bedurfte.

Mit dieser Erkenntnis war der Kriegsplan alsbald gegeben. Napoleon mußte sich mit den bereitesten Kräften auf den Teil der Feinde stürzen, der ihm am nächsten stand. Er durfte diese Unternehmung nicht früher beginnen, als bis eine ansehnliche Heeresmacht des Gegners im Felde stand, deren Überwindung von ernstlicher Bedeutung für den Ausgang des Krieges werden konnte. Er durfte aber auch nicht zu lange warten, damit er bei diesem ersten Kampf noch tunlichst wenig Rücksicht auf die übrigen Heeresmassen der Verbündeten zu nehmen hatte.

Die nächsten Feinde aber standen in dem neugeschaffenen Königreich der Niederlande: ein aus Engländern, Hannoveranern und Niederländern gemischtes Heer unter Wellington und ein preußisches Heer unter Blücher, das von den neuen preußischen Rheinlanden aus schon frühzeitig auf niederländischem Boden vorgerückt war. Wellington und Blücher waren für Napoleon nicht nur die nächsten, sondern ihrer Persönlichkeit nach zugleich die gefährlichsten Feinde. Sie beide mit raschen, entscheidenden Schlägen zu treffen, war ein wahrhaft großes und würdiges Ziel.

Nach den allererſten Anordnungen Napoleons für die Defensiv-Aufstellung seiner Streitkräfte hatten die Armeekorps Nr. I—V ihre Sammelpunkte an der Nordoſtgrenze*) erhalten, bei Lille, Maubeuge, Mézières, Diedenhofen und Straßburg, das VI. Korps und die große Kavalleriereserve nördlich von Paris, die Garden in der Hauptstadt selbſt. Diese Heerteile ergaben zu Anfang Juni nur eine Gesamtstärke von etwa 145000 Mann. Außerdem standen im Jura, in den Alpen und am Var noch zusammen etwa 17000 Mann Linientruppen und an beiden Endpunkten der Pyrenäen noch je 4000 Mann. Diese verschiedenen „Armeen" sollten allmählich durch mobilisierte Nationalgarden verſtärkt werden. Endlich waren etwa 9000 Mann durch die Niederhaltung der Vendée in Anſpruch genommen.

Von außen her hatte ſich dem Kaiſer nur eine Hilfe dargeboten, sein phantaſtiſcher Schwager Murat, der ſich am 31. März zum König von Italien erklärte. Er wurde schon am 12. April bei einem Versuch des Überganges über den Po in der Gegend von Ferrara durch die Österreicher geschlagen und bis über Ancona hinaus verfolgt. Nach einer zweiten Niederlage zu Anfang Mai mußte er sein Heil in der Flucht suchen. Sein Auftreten hat gewiß in besonderem Maß dazu beigetragen, daß man in ganz Europa jede Möglichkeit des Friedens mit Bonaparte verwarf.

---

2. Der Plan zur Völkerwanderung auf Paris.

Als die erste Nachricht von Napoleons Landung auf französischem Boden nach Wien kam, standen die Hauptmaſſen des ruſſischen Heeres zu beiden Seiten der Weichsel. Für die Vollendung ihrer Kriegs-

---

*) Die Nordoſtgrenze Frankreichs lief nach den Feſtsetzungen von 1814 an mehreren Stellen etwas anders als vor 1792 und nach 1815. So gehörten die Plätze Philippeville und Marienbourg, nahe westlich der Maas, noch zu Frankreich, ebenso Saarlouis und Landau.

fertigkeit waren jedenfalls einige Wochen in Ansatz zu bringen, und der Marsch von Polen bis an die Saar erforderte bei etwa 140 Meilen Luftlinie ungefähr 9—10 Wochen Zeit. Man durfte also, nachdem um die Mitte des März der einmütige Entschluß zum Kriege gefaßt war, frühestens zum Ende des Juni mit der Vollendung des russischen Aufmarsches rechnen. Es war daher die erste und wichtigste Frage des Kriegsplans, ob man wirklich so lange zu warten nötig habe, oder ob man schon früher mit den übrigen Heeren der Koalition zum Angriff zu schreiten vermöge. Die Heere Österreichs, Preußens, des übrigen Deutschlands sowie von England und Niederland konnten reichlich sechs Wochen früher und in sehr bedeutender Stärke, nämlich mit mindestens 400000 Mann, zum Vormarsch bereit stehen, und je früher der Krieg seinen Anfang nahm, um so mehr durfte man mit der Unfertigkeit der Verhältnisse beim Gegner rechnen.

Eine tatkräftige Kriegführung hätte jetzt ganz besonders auch im österreichischen Interesse gelegen. Mit dem Augenblick, wo die Politik Österreichs darauf ausging, Napoleon zu stürzen, mußte es ihr im höchsten Grade erwünscht sein, den Zweck auch ohne Rußlands entscheidende Mitwirkung zu erreichen, den Erfolg womöglich in erster Linie durch Österreichs Heere zu erkämpfen.

Die damaligen Strategen im österreichischen Lager waren zu einigermaßen kühnem Handeln indessen auch dann nicht zu haben, wenn es im Interesse der österreichischen Politik lag; ihre Kriegstheorie verwarf jedes Wagnis als plumpen Verstoß gegen die Kunst. Radetzky hat wohl sofort die Vorteile einer frühzeitigen Feldzugseröffnung erwogen und davor gewarnt, dem Kaiser Napoleon den Beginn der Offensivbewegungen zu überlassen.*) Aber auch seinen Entwürfen fehlt das Streben nach vorwärts, und er vermag für die Oberrhein-Armee als ersten und wichtigsten Operationszweck nur die Eroberung von Straßburg anzusehen. Und Schwarzenberg war nicht nur entschieden für das Abwarten der Russen, damit sie ein starkes Zentrum zwischen den Heeresmassen des Niederrheins und denen des Oberrheins bilden konnten, sondern er ging noch einen Schritt weiter und wünschte die Gleichzeitigkeit des Operationsbeginns auch auf die österreichisch-piemontesische Armee von Oberitalien ausgedehnt zu sehen.

Diese Verknüpfung der Operationen in den Alpen mit denen in

---

*) Radetzky befürchtete zumal in recht unklarer Weise, daß Napoleon sich in diesem Falle der Schweiz bemächtigen werde, um dadurch alle Verbindungen mit Italien zu hemmen und sich zwischen Bodensee und Ulm festzusetzen. (Vgl. Denkschriften ... des Grafen Radetzky, S. 817).

den Niederlanden war nach Gneisenaus Ansicht zu künstlich und darum unausführbar; sie mußte schon einfach daran scheitern, daß die Luftlinie von den Alpenpässen nach Paris mehr als doppelt so lang war als die Entfernung dorthin von der niederländischen Grenze, daß außerdem aber dort im Südosten ganz andere Geländeschwierigkeiten zu überwinden waren.

Gneisenau wollte — in einem Entwurf aus den ersten Apriltagen — den drei Heeren vom Nieder-*), Mittel- und Oberrhein das Ziel Paris geben und jedes für sich rücksichtslos auf dies Ziel losgehen lassen. Eine starke Reserve sollte hinter der Mitte folgen, um die etwaige Niederlage eines Heeres auszugleichen, ohne daß die beiden anderen Heere dadurch in ihrer Bewegung aufgehalten würden. Daraus spricht in der Tat die denkbar größte Einfachheit und Klarheit der Auffassung. Als sich die Eröffnung der Feindseligkeiten weiter hinausschob, so daß man mit größeren Streitkräften beim Gegner rechnen mußte, als Gneisenau ferner Wellingtons Anschauungen näher kennen lernte und sich gezwungen sah, mit ihnen zu rechnen, da hat auch er einmal eine andere Führung des Krieges in Erwägung gezogen, indem man den Feind „langsam einzuschnüren" versuche und „durch die Bezwingung mehrerer Festungen sich für Krieg und Frieden zugleich sichere". Der Gedankengang wurde ihm auch dadurch nähergelegt, daß die vorhandenen Kanalverbindungen von der Schelde und Sambre nach der Oise für die aus den Niederlanden vordringenden Heere zu einer ungemein leistungsfähigen Verbindung werden konnten, um derenwillen einige Belagerungen wohl gerechtfertigt schienen. Gneisenau rechnet außerdem darauf, daß Napoleon die Schlacht suchen werde, und verlangt, daß „eine Niederlage Bonapartes, selbst nur eine halbe, das Signal sein müsse zu einem allgemeinen Hurra auf Paris". Aber es war doch ein vorübergehender Rückfall in die Anschauungen einer vergangenen Epoche, und Gneisenau empfand das auch selbst, indem er die vorgeschlagene Kriegführung als „altsystematisch" bezeichnete. Als es bald darauf zum Handeln kam, konnte Gneisenau abermals zeigen, daß er die Lehren des großen Gegners völlig verstanden hatte.

Am Ende des Juni sollten zum Vormarsch bereit stehen, also ohne die Besatzungstruppen in den Grenzplätzen:

    a) das englisch-niederländische Heer unter Wellington, zwischen Schelde und Sambre, zwei

---

*) Unter Niederrhein-Armee sind hier die vereinigten Armeen von Blücher und Wellington verstanden.

Armeekorps und starke Infanterie- und Kavalleriereserven, etwa . . . . 95000 Mann
b) das preußische Heer unter Blücher, an Sambre und Maas bis zurück nach Lüttich, vier Armeekorps, etwa . . . . 140000 „
c) das norddeutsche Bundeskorps, an der Mosel und bei Luxemburg, zur Armee Blüchers bestimmt, etwa . . . . 27000 „
d) die russische Armee unter Barclay de Tolly, in der bayrischen Rheinpfalz, sechs Armeekorps und zwei Kavalleriekorps, etwa . . 168000 „
e) die Armee am Oberrhein unter Schwarzenberg, Österreicher und Süddeutsche, fünf Armeekorps, etwa . . . . 205000 „
f) die österreichische Armee in Italien unter Frimont, über Simplon und Mont Cenis nach Genf und Hochsavoyen vorgerückt, drei Armeekorps, etwa . . . . 75000 „

zusammen an Feldtruppen 710000 Mann

Dahinter sollten noch einige größere Heereskörper folgen, die zunächst noch nicht fertiggestellt oder in der Heimat als Besatzungen verwandt waren, wie zwei preußische Armeekorps und ein aus Kontingenten aller deutschen Staaten zu bildendes Blockadekorps. Die Gesamtstärke kam dann auf etwa 850000 Mann.

War diese neue Völkerwanderung nach Paris einmal im Gange, dann war sie den 160000 Mann Linientruppen an Frankreichs Nord- und Ostgrenze in einer Weise überlegen, daß ein Ausgleich durch Glück und Führungsgeschick auch für einen Napoleon nicht mehr zu hoffen war.

8. Die Tage der Entscheidung.

Die Heere von Wellington und Blücher standen in den südlichen Gebieten der Niederlande in einer Ausdehnung, die bei der Nähe des Feindes große Gefahren barg. Wellingtons Hauptkräfte sicherten die von Frankreich her nach Brüssel führenden Straßen; der rechte Flügel aber war bis an die Schelde geschoben, um Gent zu decken, die Residenz Ludwigs XVIII. Die Grenzplätze Mons, Tournay, Ypern, Nieuport, Ostende waren von Wellington besetzt worden, und die Festung Antwerpen bildete seinen Hauptmagazinpunkt und den Übergangspunkt von und zur Flotte. Die Preußen standen mit drei Korps hintereinander im Tale der Sambre und Maas zwischen Charleroi und Lüttich, mit einem Korps südöstlich von Namur im Winkel der Maas. Bei ihnen war die Ausdehnung unabweislich geboten durch Rücksichten der Verpflegung, weil die geldarme preußische Verwaltung gezwungen war, von den Quartiergebern größtmögliche Leistungen zu fordern. Die preußische Verbindung lief über Aachen und Köln.

Über das Verhalten im Fall eines feindlichen Angriffs war schon frühzeitig zwischen den beiderseitigen Hauptquartieren in Brüssel und Namur verhandelt worden. Von preußischer Seite hätte man es selbstverständlich gern gesehen, wenn Wellington bereit gewesen wäre, den Vereinigungspunkt halbwegs zwischen Brüssel und Maastricht zu legen, so daß die entferntesten preußischen Abteilungen einen verhältnismäßig kurzen Weg hatten und man die eigene Rückzugslinie nicht völlig aufgab. Man glaubte mit vollem Rechte, daß ein zeitweiliges Aufgeben der Verbindung über Antwerpen und eine Verlegung des Nachschubs auf den Unterlauf von Maas und Rhein für die Engländer geringere Schwierigkeiten mit sich bringen werde, als umgekehrt die Verlegung des preußischen Rückzugs nach Norden und die Preisgabe der Etappenlinie nach dem Rhein.*) Wellington hingegen betonte die Notwendigkeit, das Einrücken Napoleons in Brüssel zu verhindern, damit die dortigen französischen Sympathien nicht hervortreten könnten, und preußischerseits gab man nach, um dem Bundesgenossen das größtmögliche Entgegenkommen zu zeigen.

Der englische Feldherr gedachte die Masse seiner Streitkräfte im Fall eines feindlichen Vormarsches zwischen Schelde und Sambre in mehreren Gruppen einen Tagemarsch südwestlich von Brüssel zusammenzuziehen, wobei er über die starken Reserven in und bei Brüssel unmittelbar verfügen konnte. Blücher bestimmte für seine vier Korps den einheitlichen Sammelpunkt Sombreffe*), an der Straße Charleroi-Maastricht und zugleich an der Hauptstraße von Namur nach Brüssel, die etwa 10 km nordwestlich von Sombreffe in die Straße Charleroi-Brüssel einmündet. Das vorderste Korps bei Charleroi (I. Korps, Zieten) sollte die Versammlung decken und fechtend langsam zurückweichen.

Wellington sah die beabsichtigte Versammlung nur als ein Übergangsstadium an, aus dem man nach Maßgabe der Umstände noch enger zusammenschließen würde, und es lag selbstverständlich

---

*) Es ist dabei zu beachten, daß auf dieser Linie bis Ende Juni ständig einzelne Truppenteile und zumal Kolonnen und Trains nachrücken sollten.

**) 17 km nordöstlich Charleroi.

in seiner Absicht, diesen Zusammenschluß in östlicher Richtung zu bewirken, sofern der Gegner etwa von Charleroi her auf Brüssel oder gegen Blücher vordrang. Er hätte aber eigentlich dieses Gegners Schnelligkeit schon hinreichend kennen müssen, um sich zu sagen, daß die Gefahr des Zuspätkommens sehr groß war. Und da bei der gutgeregelten Magazinverpflegung seines Heeres eine engere Versammlung ohne jede Schwierigkeit durchgeführt werden konnte, so wäre es besser gewesen, die Ausdehnung bis zur Schelde aufzugeben und die ganze Heeresmasse mehr nach Osten zusammenzudrängen. Für die unmittelbare Sicherung Ludwigs XVIII. in Gent konnte ein schwaches Detachement um so mehr genügen, als der König in einigen Stunden von Gent nach Antwerpen zu gelangen vermochte.

Blücher rechnete seinerseits darauf, entweder bei Sombreffe selbst die Schlacht zu schlagen oder das dort versammelte Heer zum Angriff in die Flanke des Gegners zu führen, sobald er sich gegen Wellington wandte. Ein solches Vorgehen von Sombreffe aus war durch das Straßennetz begünstigt. Bedenklich aber war die große Entfernung von Lüttich nach Sombreffe (70 km Luftlinie), durch welche das rechtzeitige Eintreffen des hintersten preußischen Korps fraglich gemacht wurde.

Es scheint somit, daß die Verbündeten sich allzusehr auf die Beziehungen verließen, die Wellington zu der royalistischen Partei in Frankreich hatte. Im Laufe einer längeren Zeit untätigen Wartens wurde man dann mehrfach durch Nachrichten über einen feindlichen Vormarsch beunruhigt, die sich demnächst als falsch erwiesen, und es ist menschlich begreiflich, daß dadurch eine gewisse Abstumpfung herbeigeführt wurde, die im entscheidenden Augenblick dem Feinde die Überraschung erleichterte. —

Napoleon hatte schon Ende April sein linkes Flügelkorps (I.) näher an das Zentrum herangezogen, so daß seine „Nord=Armee" einem feindlichen Angriff leichter entgegentreten konnte. Die entscheidenden Anordnungen ergingen erst am 3. Juni. Das IV. Armeekorps rückte von der Mosel nach der Maas, eine Kavallerie=Division kam vom Niederelsaß her. Die Masse der Kavalleriereserve, die in vier Korps eingeteilt war, das VI. Armeekorps und die Garden schlossen von Laon und Paris her auf. Die ganze Armee zählte nur 123000 Mann, aber es waren Linientruppen mit langer Dienstzeit und mit einer Kriegserfahrung seltenster Art.

Am 14. Juni war dieses Heer in vier Hauptkolonnen in den engen Raum zusammengedrängt, der von der Sambre im Westen und der Straße Rocroy–Philippeville–Charleroi im Osten begrenzt wird.

Die beiden Flügel waren nicht mehr als 20 km voneinander entfernt, und die Straßen, auf denen die vier Kolonnen standen, liefen alle in und dicht bei Charleroi zusammen. Es war also wieder einmal der Ansatz zu einem Zentrumsdurchbruch mit tunlichst eng versammelten Massen. Nach des Kaisers Ordre de mouvement für den 15. Juni lag es augenscheinlich auch wieder in seiner Absicht, die Heeresmassen in enggeschlossenen Kolonnenformationen neben den Straßen marschieren zu lassen, wie das für die Tage der Entscheidung von jeher seine Methode war, und nur auf diese Weise wäre es auch allenfalls möglich gewesen, schon bis zum Mittag die Sambre zu überschreiten, wozu neben den stehenden Brücken in und bei Charleroi noch drei Kriegsbrücken hergestellt werden sollten. Dann blieb der Nachmittag verfügbar, um auf dem linken Sambre-Ufer vorzuschreiten und gleich einen tüchtigen Keil zwischen beide Heere der Verbündeten hineinzuschieben. Napoleon hatte aber nicht berücksichtigt, daß mehrere das Vormarschgelände durchschneidende Wasserläufe außerhalb der Straßen nicht ohne weiteres zu durchschreiten waren. Die Massenbewegung setzte sich dadurch in eine gewöhnliche Marschbewegung auf Straßen um und beanspruchte durch die Notwendigkeit von Abbrechen und Wiederaufmarsch wesentlich größere Zeiträume.*)

Natürlich wurden die preußischen Vorposten südlich von Charleroi mit leichter Mühe vertrieben und zum Teil durch die französische Reiterei stark mitgenommen. Aber das Korps Zieten blieb doch in der Lage, erst an mehreren Stellen Widerstand zu leisten und sich dann ungeschlagen zurückzuziehen. Es kam noch eine Meile vorwärts — südwestlich — von Sombreffe zum Stehen. Es verdankte dieses glückliche Ergebnis im wesentlichen dem übertriebenen Zusammenballen des französischen Heeres. Hätte Napoleon auch nur die Frontausdehnung festgehalten, in der er am Morgen stand, hätte er die äußeren Flügelkolonnen des Heeres die Sambre in größerem Abstande von Charlewoi überschreiten lassen, dann wäre die Versammlung des I. preußischen Korps schwerlich gelungen, und der 15. Juni hätte ihm wahrscheinlich eine sehr empfindliche Schlappe gebracht.

Ein glücklicher Zufall, das Eintreffen eines französischen Di-

---

*) Lettow-Vorbeck nimmt an, daß Napoleon von vornherein in gewöhnlichen Marschkolonnen auf Straßen habe marschieren wollen und wirft ihm dann — und unter dieser Voraussetzung mit vollem Recht — unrichtige Berechnung der Marschlängen und Ablaufzeiten vor. Wir werden in diesen Blättern einen solchen Fehler bei der preußischen Heeresleitung noch kennen lernen; für den erfahrensten Feldherrn der Periode wäre er aber doch nicht recht verständlich. Ein Irrtum in betreff der Gangbarkeit der Wasserläufe ist jedenfalls weit begreiflicher, zumal der Kaiser gewohnt war, die Überwindung der außerordentlichsten Schwierigkeiten zu fordern.

visionskommandeurs von royalistischer Gesinnung, der jetzt erst die kaiserlichen Adler verließ, hatte das Blüchersche Hauptquartier schon am späten Abend des 14. Juni von der drohenden Gefahr benachrichtigt. Die Versammlungsbefehle wurden sofort erteilt, und das II. sowie das III. Armeekorps konnten am Vormittage des 16. auf dem Versammlungspunkte eintreffen. Das IV. Korps Bülow in Lüttich hatte die Weisung verspätet erhalten und ohne daß die besondere Dringlichkeit der Lage deutlich hervorgehoben war. Am Vormittag des 16. wurde es dem Oberkommando klar, daß man auf Bülows Eintreffen nicht mehr rechnen durfte. Nun war die Stellung bei Sombreffe recht stark, weil ein Bach mit sumpfigen Rändern die Front beschützte, und da Blücher auch ohne Bülow immer noch etwa 88000 Mann zählte, so fühlte er sich in keiner Weise veranlaßt, sofort zurückzugehen. Bei Zurückstellung starker Reserven konnte er jedenfalls abwarten, ob Napoleon wirklich eine bedeutende Überlegenheit vor ihm entwickeln werde.

In dieser Auffassung wurde Blücher noch ausdrücklich bestärkt durch eine mündliche Rücksprache mit Wellington, der am Vormittag des 16. zu ihm herüberkam. Nach Wellingtons Darstellung konnte dieser am Nachmittag des 16. seine Hauptkräfte bei Quatrebras an der Straße Charleroi—Brüssel zusammen haben und war in der Lage, offensiv in eine Schlacht zwischen Napoleon und Blücher einzugreifen. Damit war Blüchers Verhalten entschieden. Er nahm die Schlacht an und wählte eine Aufstellung mit weit vorgeschobenem rechten Flügel, welche das Eingreifen der Bundesgenossen erleichtern sollte.

Leider lagen die Verhältnisse bei Wellington aber wesentlich anders. Infolge verschiedener Reibungen — wozu auch der Umstand gehörte, daß die am 14. abends in Namur eingegangenen Nachrichten und die dort gefaßten Entschlüsse nicht sofort nach Brüssel mitgeteilt worden waren — hatte der englische Feldherr seine ersten Versammlungsbefehle erst am Abend des 15. gegeben. So standen am Mittag des 16. nicht mehr als 8000 Mann bei Quatrebras, die im Laufe des Nachmittags sehr allmählich auf etwa 32000 Mann anwuchsen.

Nun teilte Napoleon am 16. seine Streitmacht in der Weise, daß Marschall Ney mit zwei Armeekorps (I. und II.) und einem Kavalleriekorps (3.), also mit etwa 45000 Mann, auf Quatrebras vorzugehen hatte, während der Kaiser selbst mit dem III., IV. und VI. Armeekorps, dem 1., 2., 4. Kavalleriekorps und mit den Garden, zusammen 75000 Mann, die Richtung auf Sombreffe einschlug. Schon mit diesen 75000 Mann erscheint Napoleon den Preußen überlegen, denn Blüchers Heer bestand zur Hälfte aus Landwehr, und ein Teil dieser Landwehr war in den wiedererworbenen Gebieten an der Elbe und in Westfalen erst eben gebildet worden, war also noch recht minderwertig. Außerdem lag es nicht in der Absicht des französischen Feldherrn, Ney ganz aus der Hand zu geben; er sollte ihm nur auf der Straße nach Brüssel die nötige Armfreiheit schaffen und dann auf des Kaisers Schlachtfeld herüberkommen, um hier die Entscheidung zu geben.

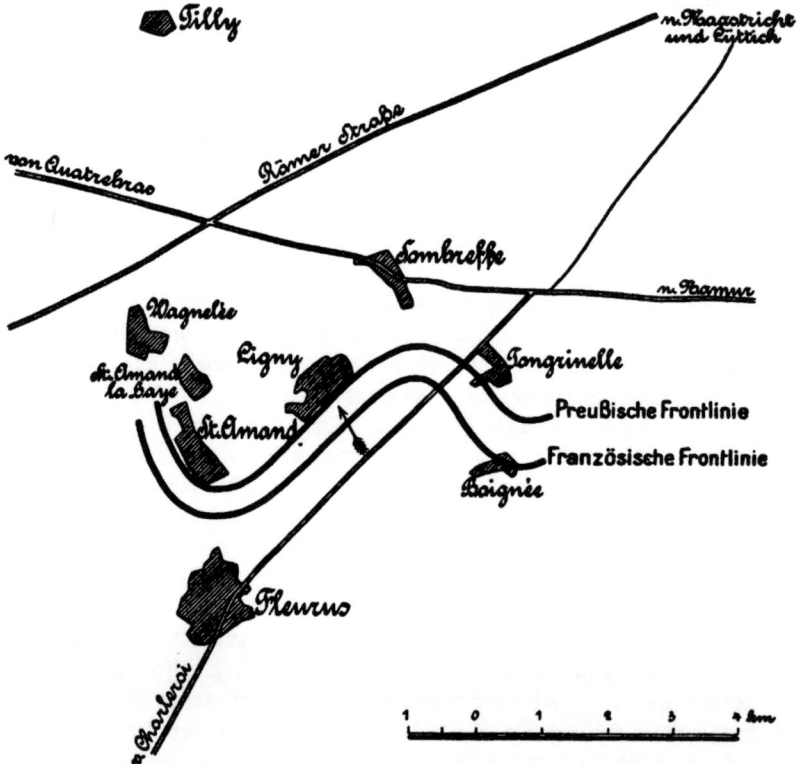

Es war ein Glück für die Verbündeten, daß Napoleon am frühen Morgen des 16. Juni die Lage noch nicht genügend übersah, um mit der Ausführung dieses Planes sofort zu beginnen, daß der Kampf erst am Nachmittage anfing. Bei Quatrebras entspann sich eine Art von Begegnungsgefecht, indem auf beiden Seiten nach und nach frische Truppen auf dem Kampfplatz erschienen. Ney würde schließlich die Oberhand erlangt haben, wenn ihm der Kaiser nicht durch unmittelbaren Eingriff das I. Armeekorps entzogen hätte, um es gegen Blüchers rechte Flanke einzusetzen. Ney rief zwar — mit einer erstaunlichen Selbständigkeit — dieses Korps sofort wieder zurück, erreichte aber damit nur, daß es zwischen beiden Schlachtfeldern nutzlos hin und her marschierte und an keiner Stelle zur Wirkung kam. Am Abend neigte sich bei Quatrebras die Wage auf Seite der Engländer, und Ney mußte den Angriff aufgeben.

Inzwischen hatte der Kaiser aber auch ohne Neys Unterstützung einen wirklichen Sieg errungen. Er hatte es verstanden, den linken preußischen Flügel in der Stellung von Sombreffe (III. Korps, Thielmann) mit geringeren Kräften zu beschäftigen und den vorgeschobenen rechten Flügel umfassend anzugreifen. Die preußische Schlachtleitung aber krankte dauernd an der unzutreffenden Voraussetzung, von der man ausgegangen war. Um das Eingreifen der Engländer zu erleichtern, wurde die wenig günstige Stellung des rechten Flügels zähe behauptet. Im Kampf um mehrere Dörfer kam die ganze Geschicklichkeit der Franzosen für das Ortsgefecht zur Geltung, und der Mangel an taktischer Schulung bei den preußischen Landwehren trat deutlich hervor. Und als Napoleon am Abend seine Garden zum Sturm auf das Dorf Ligny ansetzte und die Küraffiere von Milhaud nachfolgen ließ, da wurde die preußische Schlachtlinie durchbrochen. Blücher stürzte bei einem Reiterangriff mit seinem verwundeten Pferde und entging nur schwer der Gefangenschaft. Gneisenau mußte den Rückzug anordnen.

Und das tat er in wahrhaft großer, ewig denkwürdiger Weise, indem er den Rückzug nach Nordwesten, in der allgemeinen Richtung auf Brüssel befahl und die Verbindung mit dem Rhein aufgab. Er tat dies, um die Fühlung mit Wellington zu erhalten und um zum Zusammenwirken mit den Bundesgenossen befähigt zu bleiben. Er tat es, obgleich man soeben erst vergeblich auf die Unterstützung durch diesen Bundesgenossen gehofft und obgleich man die Schlacht nur darum verloren hatte, weil sie auf die Mitwirkung des Bundesgenossen angelegt war. Denn ohne diese Rücksicht würde man sich auf die Verteidigung in der Stellung des linken Flügels beschränkt haben, gegen die der Feind nur frontal vorgehen konnte, und dort wäre man viel stärker gewesen.

Es liegt also eine Seelengröße in Gneisenaus Entschluß, die des höchsten Ruhmes wert ist.*)

---

*) Lettow-Vorbeck wird (S. 338) diesem Entschluß nicht völlig gerecht. Zunächst betont er, daß Gneisenau als Ziel des Rückzugs nicht Wavre (etwa 20 Kilometer nördlich Ligny und ebenso weit südöstlich Brüssel), sondern Tilly angegeben habe, einen Ort, der zwar in gleicher Richtung wie Wavre, aber nur 4 Kilometer nördlich des Schlachtfeldes. Erst Blücher habe dann die Fortsetzung des Marsches auf Wavre bestimmt. Nun liegt das Entscheidende aber darin, daß schon die Anordnung Gneisenaus die Truppen um etwa

Der Entschluß zum Rückzug nach Nordwesten war in hohem Grade gewagt. Die Truppen des I. und II. Korps befanden sich zum Teil in sehr großer Auflösung, wie es die erschreckende Zahl von 8000 in Lüttich und Aachen angehaltenen Flüchtlingen nur allzu deutlich beweist. Die Wegeverbindungen nach Wavre waren schlecht und bereiteten dem Fuhrwerk große Schwierigkeiten. Die Munitions- und Verpflegungsvorräte standen am 16. Juni zwischen Sombreffe und Namur, und es mußten schon glückliche Umstände mitwirken, um die vor allem wichtige Munition bis zum Abend des nächsten Tages heranzubringen.

Das als Arrieregarde zurückgebliebene III. Korps ging in der Morgenfrühe des 17. Juni in nordöstlicher Richtung eine Meile weit zurück und trat hier in Fühlung mit dem IV. Korps, das am späten Abend des Schlachttages etwa anderthalb Meilen vom Schlachtfelde Halt gemacht hatte. Da die Befehlsgebung im Oberkommando etwas in Unordnung gekommen war, berging der größte Teil des Vormittags, ehe Bülow nach Wavre aufbrach, und es wurde Nachmittag, ehe Thielmann nachfolgte. Stellt man sich vor, daß Napoleon selbst am 17. Juni mit einem beträchtlichen Teil seiner Streitmacht frühzeitig zur Verfolgung Blüchers vorgegangen wäre, dann mußte er auf dem Wege nach Osten zunächst das III. Korps antreffen, dann das IV. zum Frontmachen zwingen, und konnte seinen Sieg von Ligny durch Überwältigung von zwei weiteren-Korps vervollständigen. Wenn der Kaiser aber diese zur Zeit tüchtigsten Glieder des preußischen Heeres schlug und in nordöstlicher oder östlicher Richtung zurückwarf, wenn er sich zwischen die beiden Hälften der Preußen einschob, dann konnte sich die Sachlage allerdings recht bedenklich gestalten. Dann sank Blüchers stark zusammengeschmolzener Heerteil zu einem mäßigen Hilfskorps für Wel=

---

4 Kilometer über die nördlichste der Straßen hinauswies, die direkt nach dem Rhein führt, nämlich über die sogenannte Römerstraße. Wenn Gneisenau etwa den Rückzug nach dem Rhein nicht aufgeben wollte, dann mußte er den Abmarsch auf der Römerstraße anordnen, und diese Anordnung hätte sehr viel für sich gehabt, weil auf dieser Straße Bülow anrückte und weil sich bei seinem frischen Korps alle stark mitgenommenen Truppen in Sicherheit und Ruhe zu sammeln und zu ordnen vermochten.

Lettow meint ferner, daß der Rückzug auf der Römerstraße gefährlicher gewesen wäre als der nach Tilly, daß er gegenüber der Durchbruchsrichtung Napoleons über Ligny ein Flankenmarsch gewesen wäre. Dem ist aber nicht zuzustimmen. Als die entscheidende Wendung eintrat, wurde es dunkel, und der französische Angriff kam nur wenig über Ligny hinaus, Sombreffe blieb in preußischer Hand. Der Feind konnte das preußische III. Korps an diesem Tag nicht mehr überrennen und ebensowenig an ihm vorbeigehen. Der Rückzug auf der Römerstraße wäre also in keiner Weise zu hindern gewesen.

lington herab, und man kann billig bezweifeln, ob der englische Feldherr noch in der Lage gewesen wäre, das preußische Mißgeschick auszugleichen.

Diese Gefahr ging vorüber, weil Napoleon sich allmählich angewöhnt hatte, seine Siege zu überschätzen. Er glaubte die Preußen im eiligen Abzug nach Namur und Lüttich*) und hielt es für völlig ausreichend, wenn er den Marschall Grouchy mit zwei Armeekorps und zwei Kavalleriekorps auf ihre Spur setzte. Mit dem linken Heeresflügel unter Ney und mit seinen Heeresreserven aber wollte er den Marsch nach Brüssel antreten. Ein Standhalten Wellingtons südlich Brüssel hielt er nicht für wahrscheinlich. Schon vor der Schlacht bei Ligny hatte er angenommen, daß die Feinde erschreckt auseinanderstieben würden; jetzt war das erst recht zu erwarten. Die Durchbrechung der feindlichen Aufstellung, der Sieg über Blücher und der Einzug in Brüssel — wofür die Proklamationen an die Bevölkerung schon in Charleroi gedruckt wurden, mit dem Datum: Schloß Laeken bei Brüssel, 17. Juni 1815 —, das ergab den ersehnten ersten Erfolg, der die Stimmung in Frankreich erwärmen und die Schwierigkeiten für die Organisation der Landesverteidigung beseitigen sollte, der aber zugleich auf Schwarzenbergs etwaige Tatenlust fallen mußte wie ein Reif in der Frühlingsnacht. Von Brüssel nach der Pfalz sind, mit Napoleonischem Zirkel gemessen, nicht mehr als zwölf Märsche. War Blücher gründlich abgetan, dann war es in der Tat eine zulässige Rechnung, daß der Kaiser noch rechtzeitig an den Mittelrhein kommen könne, um die dortigen Feinde am Stromübergang zu hindern. —

Die französischen Truppenbewegungen begannen auch am 17. Juni erst um Mittag, vermutlich weil sich der Empfang von Munition und Lebensmitteln aus den am 15. Juni zurückgelassenen Parks und Kolonnen nicht schneller bewirken ließ. So war es Wellington möglich geworden, seinen Abmarsch von Quatrebras nach Norden unbelästigt auszuführen. Wellington hatte sich entschlossen, gerade zwei Meilen südlich von Brüssel, am Südrande großer Waldungen, auf den flachen Höhen von Waterloo den Angriff anzunehmen. Er hatte bei Blücher angefragt, ob er ihm mit einem Korps zu Hilfe kommen könne, und Blücher hatte daraufhin zugesagt, am 18. Juni jedenfalls zwei Korps, nach Umständen auch den Rest des Heeres hinüberzuführen.

Die von Wellington gewählte Stellung war gut, vor allem durch treffliches Schußfeld, aber auch durch Hohlwege und Hecken, welche die Front unmittelbar schützten. Einige vor ihr gelegene Gehöfte waren

---

*) Beiläufig ist das ein Beweis, daß er den preußischen Abmarsch nach Osten durch seine Angriffsrichtung vom Abend vorher nicht für gefährdet hielt.

als Vorpositionen eingerichtet, mit der Absicht, sie unter keinen Umständen zu räumen, sondern die dort stehenden Truppen ihre Kräfte vollständig verbrauchen zu lassen zum Nutzen und Frommen der Gesamtheit. Die Infanterie stand im allgemeinen in zwei langen Linien, die Artillerie nahe davor und in den Lücken, die Infanteriereserven und die starke Reiterei dahinter, bereit zum Eingreifen durch die Lücken und um die Flügel herum. Eine Division war als eine Offensivflanke rechts bereit gestellt; der linke Flügel war im Gegensatz hierzu etwas zurückgebogen, so daß die von Wavre her anrückenden Preußen um so leichter in Flanke und Rücken des angreifenden Feindes gelangen konnten. Die Gesamtstärke des auf dem Schlachtfelde versammelten Heeres betrug 69000 Mann.

Und an dieser Zahl zeigt sich ein schwerer Fehler, den Wellington gemacht hatte und der ihm leicht zum Verderben werden konnte. Er hatte etwa 17000 Mann zu keinem anderen Zwecke seitlich — nach Westen — entsendet, als um einen zweiten Zugang nach Brüssel, die Straße von Mons über Hal, zu sperren. Da dieser Heerteil nur knapp zwei Meilen vom Schlachtfelde entfernt stand, wäre es noch am Vormittag des 18. Juni Zeit gewesen, ihn herbeizurufen, und sein Eingreifen hätte dann entscheidend wirken können. Aber Wellington hielt seine Anordnung aufrecht und hat damit deutlich gezeigt, daß er mit seinen Anschauungen vom Kriege noch vorwiegend auf dem Boden des 18. Jahrhunderts stand.

Napoleon hatte die an der Brüsseler Straße vereinigten 70000 Mann am 17. Juni so nahe wie möglich an die englische Stellung herangehen lassen; die letzten Divisionen standen aber noch eine starke Meile zurück. Die Felder waren durch anhaltendes Regenwetter tief aufgeweicht und der Marsch der Truppen dadurch fast ausschließlich auf die Straße beschränkt, die allerdings von besonderer Breite war. Am Morgen wurde abgekocht, und so konnte die Schlacht erst gegen Mittag beginnen. Es war eine Parallelschlacht einfachster Art. Der Kaiser hatte sein I. Korps — Erlon — rechts, östlich der großen Straße und des Pachthofes Belle Alliance, das II. Korps — Reille — links davon entwickelt und hielt das VI. Korps — Lobau —, die Garden sowie zwei Kavalleriekorps hinter der Front zurück.

Seine Absicht ging auf Durchbrechung des feindlichen Zentrums, und zu diesem Zweck ließ er die vier Divisionen des I. Korps staffelweise vom linken Flügel in vier gewaltigen Phalangen antreten, deren jede aus acht hintereinander stehenden Bataillonslinien bestand und somit etwa 160—180 Mann breit und 24 Mann tief aufgestellt war. Es ist das eine auch für damalige Zeit wahrhaft ungeheuerliche Formation von ausgesuchter Schwerfälligkeit, ein weit übertriebener Ausdruck des Angriffsgedankens. Natürlich hatte Napoleon vorher die Artillerie längere Zeit wirken lassen, es war auch eine mäßig starke Schützenlinie bis an die englische Stellung herangegangen, und vom linken französischen Flügel aus wurde der bedeutendste der Stützpunkte vor der englischen Front kräftig angegriffen. Aber das alles reichte nicht aus, um der potenzierten Stoßtaktik zum Siege zu verhelfen, die der Kaiser hier zur Anwendung brachte. Die ungefügen Massen litten furchtbar unter dem feindlichen Geschütz- und Gewehrfeuer und mußten schließlich zurückweichen, wobei sie von der englischen Reiterei heftig verfolgt wurden.

Dem Infanterieangriff folgten mehrfach wiederholte Durchbruchsversuche mit der Reiterei — etwa 10000 Pferde —, denen gegenüber sich die kaltblütige Ruhe der Engländer glänzend bewährte. Dann ging die Infanterie des I. Korps aufs neue vor, unterstützt von den noch frischen Kräften des II., und endlich griff die alte Garde im Zentrum ein. Die ausgezeichnete Tapferkeit der kaiserlichen Bataillone und Schwadronen stellte die Kraft der Verteidigung auf die schwerste Probe; die Reihen Wellingtons lichteten sich furchtbar, die niederländischen Truppen lösten sich nahezu völlig auf. Aber es gelang Wellington doch, seine Stellung zu behaupten. Es gelang ihm, weil schon von Mittag an Napoleons Aufmerksamkeit geteilt war und weil der Kaiser das ganze VI. Korps und die junge Garde zum Schutz der rechten Flanke verwenden mußte, in welche die Preußen hereinbrachen.

Freilich dauerte der Aufmarsch der Preußen unendlich lange. Gneisenau hatte fehlerhafterweise das am weitesten östlich stehende Korps Bülow an die Spitze der Bewegung genommen, weil es noch ganz frisch und von jedem Kampfe unberührt war. Es mußte zu diesem Zweck durch die Aufstellung des II. Korps hindurchgehen, das ihm dann auf derselben Straße folgte. Einem dritten Korps (I.), das in der Nacht dem Schlachtfelde von Waterloo am allernächsten stand, ging der Marschbefehl erst zuletzt zu und veranlaßte außerdem eine Kreuzung mit der anderen Marschkolonne. Auch die Weisungen des Oberkommandos für die Bagagen waren ganz ungenügend und riefen allerlei Reibungen hervor.

So erfolgte das entscheidende preußische Eingreifen um mehrere Stunden später, als es möglich gewesen wäre, und die Bundesgenossen gerieten dicht an die Grenze ihrer Widerstandsfähigkeit. Dafür war der Sieg aber auch um so entscheidender. Denn Napoleon kämpfte seine letzte Schlacht mit der gleichen Zähigkeit und mit jenem gewaltigen Willen durch, mit denen er das Glück so oft in seinen Dienst gezwungen hatte. Man soll ihn nicht darum tadeln, daß er auch den letzten Zusammenhalt seines Heeres preisgab. Brachte dieser Tag keinen wirklichen großen Sieg, dann war doch alles verloren.

Und darum ist auch die Bemerkung von Clausewitz nicht überzeugend, daß der Kaiser besser getan hätte, nach einem Linksabmarsch den rechten Flügel Wellingtons umfassend anzugreifen. Es ist richtig, daß er sich damit vor dem Flankenstoß Blüchers gesichert hätte und daß den Preußen dann nur die Möglichkeit blieb, die Front der Verbündeten zu verstärken und zu verlängern. Aber die Linksbewegung hätte mehr Zeit erfordert, als das frontale Vorgehen, und hier hing das Geschick der Welt von einer Stunde mehr oder weniger ab. Der Kaiser hat zu tunlichst rascher Lösung der Aufgabe den kürzesten Weg eingeschlagen, und wenn man von der unzeitgemäßen Phalangenform absieht, so hat er sein Bestes getan. Das Schicksal aber hat gegen ihn entschieden.

Und wo war Grouchy geblieben?

Der Marschall war am 17. Juni nicht sehr weit über das Schlachtfeld von Ligny hinausgekommen und hatte auch trotz seiner starken Reiterei keine völlige Klarheit darüber erlangt, wie es bei den Preußen aussah. Immerhin nahm er an, daß ein Teil derselben nach Wavre marschiert sei, und meldete dies dem Kaiser. Am 18. vormittags folgte Grouchy zwar in nördlicher Richtung, glaubte aber nunmehr, daß Blücher östlich an Wavre vorbeigegangen sei, um die Straße von Namur nach Löwen*) zu erreichen. Er marschierte nach Wavre, um Blücher von Wellington zu trennen, und traf hier nur eine starke Arrieregarde (III. Korps) in widerstandsfähiger Stellung. Erst am Morgen des 19. gelang es ihm durch Umfassung im Westen, den Widerstand Thielmanns zu überwinden und ihn zum Rückzug zu zwingen. Gleich darauf erfuhr er die Niederlage des Kaisers und trat nun unter dem Schutz seiner Kavallerie den eiligsten Rückmarsch über Namur an. Er wußte hierbei seine Maßnahmen sehr geschickt und entschlossen zu treffen, so daß nicht nur die unmittelbare Verfolgung durch das III. Korps, sondern auch ein Versuch des Abschneidens durch das II. Armeekorps ohne Ergebnis blieb. Bei einem vergeblichen Sturm auf die alten Mauern von Namur erlitten die Preußen sogar recht ernste Verluste.

---

*) 8 Meilen östlich Brüssel.

4. Die Ausnützung des Sieges.

Als Blücher mit Wellington am Pachthof Belle Alliance zusammentraf — bis wohin im Schlußakte der blutigen Schlacht auch die noch aufrechten Bataillone der Engländer vordrangen —, da erbot er sich sofort zur Übernahme der Verfolgung. Er hat sie in wahrhaft großartiger Weise durchgeführt, durchaus im Sinn und Geist des strategischen Lehrmeisters dieser Epoche. Am Abend der Schlacht kam Blücher mit den bereitesten Teilen des Heeres noch fast eine Meile weit, Gneisenau mit zwei Kavallerie-Regimentern und einem Bataillon noch fast drei Meilen weit über das Schlachtfeld hinaus. So zersprengte man alle taktischen Verbände des Feindes und nahm ihm neben vielen tausend Gefangenen fast alles Geschütz und Fuhrwerk ab. Am 20. Juni standen die Hauptkräfte der Preußen schon auf dem rechten Ufer der Sambre, um hier stromaufwärts zu rücken. Am 22. kapitulierte nach kurzer Beschießung die Festung Avesnes mit reichen Vorräten an Lebensmitteln und Munition.

Wellington, von Blüchers Beispiel mitgerissen, marschierte gleichzeitig über Mons am linken Ufer der Sambre hinauf. Da man erwarten mußte, daß der starke Abschnitt der Aisne mit der Festung Soissons dem Feinde Gelegenheit zum Sammeln und zum Widerstande geben werde, so einigten sich die Feldherren dahin, diesen Abschnitt mit den Hauptkräften beider Heere auf dem rechten Ufer der Oise zu umgehen und die feindlichen Heerestrümmer demnächst tunlichst von Paris abzudrängen. Die englische Armee übernahm außerdem die notwendigen Belagerungen westlich der Sambre, die preußische Armee die Belagerungen östlich und am Flusse selbst. Den Engländern glückte in den nächsten Tagen schon die Erstürmung von Cambray und Péronne, auch ergab sich ihnen le Quesnoy nach kurzer Beschießung. Blücher ließ sein II. Korps zurück, das mit der Belagerung von Maubeuge den Anfang machte. Mit drei Korps setzte Blücher den Marsch so eifrig fort, daß er vor die Front des Verbündeten kam und Compiègne, 25 Meilen Luftlinie vom Schlachtfelde des 18. Juni, am 26. dieses Monats erreichte. Hier war er nur noch 9 Meilen von der feindlichen Hauptstadt entfernt, er hatte zugleich einen Übergang über die Oise in der Hand, der den Aisne-Abschnitt flankierte.

Inzwischen hatte der Marschall Soult als major-général die französischen Heerestrümmer von Belle Alliance bei Laon und Soissons einigermaßen geordnet und mit neuer Munition sowie nach Bedarf mit neuen Gewehren versehen, ihnen auch einige inzwischen erst kriegsfertig gewordene Batterien zugeteilt. Er verfügte über etwa 20—25000

Mann. Zugleich war Grouchy in starken Märschen über Givet—Rocroy bzw. über Mézières, wo die Munition ergänzt wurde, bei Rethel am obersten Lauf der Aisne eingetroffen. Er war ungefähr 25—28000 Mann stark und seine Truppen hatten bis jetzt ihre Haltung bewahrt. An der Aisne erhielten beide Führer die Nachricht, daß Kaiser Napoleon die Krone niedergelegt habe und daß Marschall Grouchy von der provisorischen Regierung — mit Fouché als Präsident — mit dem Oberbefehl betraut sei. Grouchy setzte sich alsbald nach Soissons in Marsch und schob das nächste Korps der linken Flügelgruppe nach Compiègne, um diesen wichtigen Punkt zu besetzen.

Als sich am 27. Juni herausstellte, daß die Preußen schon hier standen, gab Grouchy gleich die Befehle zum Rückmarsch auf Paris, um die verfügbaren Truppen für die Verteidigung der dortigen Verschanzungen zu retten. Aber schon gingen die Preußen an mehreren Stellen über die untere Oise. Am 28. unterbrachen sie die Straße Soissons—Paris und zwangen alle noch zurückbefindlichen Heerteile des Feindes zum Ausbiegen nach Südosten, um im Schutze des Ourcqkanals über Meaux Paris zu erreichen. Am 28. Juni abends stand das vorderste preußische Korps bei Gonesse nur noch eine Meile von den neuen Befestigungen.

Diese Befestigungen waren auf der Nordostfront zwar noch nicht ganz vollendet, aber doch in gutem Verteidigungsstand. Sie waren in drei Linien hintereinander angeordnet. Den innersten Ring bildete die zur Verteidigung eingerichtete alte Stadtmauer. Davor lag eine Reihe starker, geschlossener Werke und befestigter Ortschaften auf den der Stadt vorgelagerten Höhen von Montmartre und Belleville, rechts — südöstlich — abgeschlossen durch die guterhaltenen Befestigungen des Schlosses von Vincennes. Eine vorderste Verschanzungslinie lief endlich von St. Denis aus längs dem Ourcqkanal bis etwa eine Wegstunde östlich von Paris und führte dann am vorderen Rande der Höhen zwischen Belleville und Vincennes nach Nogent an der Marne hinüber.*)

Auf dem linken Ufer der Seine waren die Arbeiten zwar begonnen, aber nur wenig gefördert, woran der Mangel an Geld wohl die Hauptschuld trug.

Zur Besetzung der Werke standen im ganzen einschließlich aller in und bei Paris garnisonierenden Depottruppen nur etwa 70000 Mann der Armee und nur etwa 8000 Mann mobiler Nationalgarden

---

*) Diese vorderste Befestigungsreihe lief also ungefähr in der Linie der Forts von 1870.

zur Verfügung. Die seßhafte Nationalgarde der Hauptstadt war wegen ihrer unzuverlässigen Gesinnung nur in geringem Umfang eingekleidet und bewaffnet worden, so daß sie für den Kampf gar nicht in Betracht kam.

Im preußischen Hauptquartier kam man schnell zu der Überzeugung, daß der entscheidende Angriff auf Paris am besten von der Südseite zu führen sei, und Blücher faßte daher schon frühzeitig den Rechtsabmarsch seiner Armee ins Auge. Eigentlich hätten ja die Engländer eine solche Bewegung leichter ausführen können, da sie um zwei starke Märsche hinter den Preußen zurück waren und die Oise noch nicht überschritten hatten. Ihr Marsch war leichter zu verheimlichen und man hätte das immer nachteilige Kreuzen der rückwärtigen Verbindungen alsdann vermieden. Aber Blücher wies dementsprechende Einwendungen von Wellington zurück und beharrte auf seinem Wunsche. Es war ihm sicherer, wenn er die jedenfalls recht schwierige Unternehmung selbst in die Hand nehmen konnte und wenn er dem Bundesgenossen die leichtere Aufgabe der Einschließung und Beobachtung auf dem rechten Ufer der Seine überließ.

Zunächst ließ er aber am 30. Juni früh noch einen Angriffsversuch auf die Nordseite machen, und zwar südöstlich von St. Denis. Er war mehr als Erkundung denn als entscheidender Angriff gedacht und blieb ohne Erfolg. Noch an demselben Tage trat das in Reserve befindliche Armeekorps (III.) den Rechtsabmarsch über Argenteuil nach St. Germain und Versailles an. Ihm folgten in der nächsten Nacht und am 1. Juli die beiden anderen Korps, deren Vortruppen vor Paris von der Armee Wellingtons abgelöst wurden. Und schon am 2. Juli rückten die Preußen von Versailles aus in breiter Front über das Plateau von Meudon gegen die Südwestfront von Paris vor.

Dort hatte Davout, der als Kriegsminister und als Gouverneur die Verteidigung leitete, die besten Truppen der vormaligen Armeeabteilung von Grouchy zum Kampfe gestellt. Ihre Vortruppen wurden in dem mit Ortschaften, Villen und Gärten dicht bedeckten Gelände in hartnäckigem Gefecht stetig zurückgedrängt, und als Vandamme mit den Hauptkräften zum Gegenangriff gegen den linken preußischen Flügel schritt, wurde er abgewiesen. Am frühen Morgen des 3. Juli erfolgte ein abermaliger Gegenangriff der Franzosen, nach dessen Abwehr die verfolgenden Preußen bis in die Nähe der Stadtmauer gelangten.

Und damit schwand den Franzosen die Hoffnung auf Erfolg. Schon seit einer Reihe von Tagen hatte die provisorische Regierung versucht, von Blücher und Wellington einen Waffenstillstand zu erlangen. Jetzt war sie bereit, die von Blücher gestellte Hauptbedingung einzugehen, die Übergabe der Hauptstadt und den Rückzug der Truppen bis hinter die Loire. Am 7. Juli erfolgte der Einzug der Sieger.

---

5. Die sonstigen Kriegsereignisse.

Der Sieg in den Niederlanden war mit beinahe doppelter Überlegenheit erfochten worden, aber die dortigen Heere der Verbündeten waren im Verhältnis zur Größe Frankreichs doch nur von sehr mäßiger Stärke. Beim Eintreffen vor Paris hatte der Abgang durch Gefechts- und Marschverluste sowie die Abzweigung für Belagerungs- und Besatzungszwecke die Heeresziffer beträchtlich herabgemindert, und die Überlegenheit war jetzt eine so geringe, daß bei fester Haltung des Gegners ein Sturm schwerlich gelungen wäre. Hätte Frankreich damals nur die aus den Niederlanden eingedrungenen Feinde zu bekämpfen gehabt, so würde Napoleons schöpferischer Genius auch schon die Mittel und Wege gefunden haben, das Vordringen der Verbündeten zu verlangsamen und inzwischen neue Kräfte des Widerstandes zu schaffen. Dann würde er sicherlich der Welt gezeigt haben, wie stark die Verteidigung im eigenen Lande ist, wenn sie mit Entschlossenheit und Kühnheit gehandhabt wird.

Daß der Kaiser nach der Niederlage von Belle Alliance das Spiel alsbald ganz und endgültig verloren gab, das lag in der gewaltigen Stärke der verbündeten Heere, die gleichzeitig an den Ostgrenzen des Reiches zum Angriff bereit standen und deren furchtbar drohende Nähe eine dem Kaiser günstige Stimmung in der Nation nicht aufkommen ließ. Hätte sich dieser Druck nicht deutlich fühlbar gemacht, so wäre Napoleon sicherlich nicht vom Platze gewichen. Die halbe Million Krieger, welche gegen Ende Juni vom Rhein und von den Alpen her den Vormarsch auf Paris antrat — ein Gegenstück zu dem Vormarsch auf Moskau von 1812 —, hat somit höchst wesentlich mitgewirkt zu dem Ausgang des Krieges; und doch hinkt ihre Tätigkeit dem kurzen und entscheidenden Feldzuge Blüchers und Wellingtons so sehr nach, daß sie in der Weltgeschichte kaum bemerkt worden ist. Auch an dieser Stelle müssen einige wenige Angaben darüber genügen.

Als die Nachricht von der Entscheidungsschlacht in den Niederlanden an den Rhein kam, war General Rapp eben im Begriff, mit seiner „Rhein-Armee"*) von etwa 20000 Mann über Landau in die bayrische Pfalz vorzustoßen, um womöglich den Rhein-Übergang der Verbündeten bei Germersheim zu verhindern. Solche Pläne mußte er nun aufgeben und entschloß sich zum langsamen Zurückweichen auf Straßburg. Während Wrede mit den Bayern den Vormarsch in der Richtung auf Nancy antrat, wendete sich der Kronprinz von Württemberg gegen Rapp und drängte ihn vom 26. bis 28. Juni in mehreren Gefechten bis unter die Kanonen von Straßburg zurück.

In den letzten Tagen des Juni begannen auch die Operationen des österreichischen Korps Colloredo gegen die „Jura-Armee" des Generals Lecourbe, die durch Mobilgarden bis auf 14000 Mann verstärkt war und in der Gegend von Belfort stand. Lecourbe widersetzte sich der Einschließung in geschicktester Weise in einer Reihe von Gefechten, so daß Colloredos erheblich überlegene Kräfte etwa zwei Wochen lang hier gefesselt waren. Die beiden noch übrigen Korps der Oberrhein-Armee bewirkten die vorläufige Einschließung der oberelsässischen Festungen und gingen mit ihren Hauptkräften über die Vogesen in der allgemeinen Richtung auf Mirecourt, zwei Tagemärsche südlich von Nancy, vor. Mit Einschluß der den Bayern in zwei großen Hauptkolonnen nachfolgenden Russen vermochte Schwarzenberg auf der Linie Nancy-Mirecourt eine Heeresmacht von mehr als 300000 Mann zu vereinigen.

Auf dem linken Flügel der Verbündeten, bei der österreichischen Armee von Oberitalien, wurde der Simplon-Übergang schon am 17. Juni begonnen, und am 21. Juni kam es dicht am Südufer des Genfer Sees zu dem ersten Gefechte. Am 27. wurde nach wiederholten Kämpfen Genf besetzt und in der ersten Juliwoche fielen die Pässe der nächsten Juraketten in die Hände der Österreicher. Am 25. Juni war auch der Mont Cenis überschritten worden, und die in Hochsavoyen eingedrungenen Franzosen mußten allmählich zurückweichen. Marschall Suchet zog seine mit Einschluß der Mobilgarden jetzt nur noch 16000 Mann betragende „Alpen-Armee" nunmehr nach Lyon zusammen (8. Juli), wo starke provisorische Befestigungen mit genügender Geschützausrüstung ihm die Aussicht auf dauernden Widerstand gewährten.

Dies war die strategische Lage im Osten Frankreichs, als die Nachricht von der Kapitulation von Paris die verschiedenen Gruppen der Verbündeten erreichte.

Die verbündeten Monarchen erhielten sie am 7. Juli bei Nancy

---

*) V. Armeekorps.

und eilten nun unter starker Reiterbedeckung ihren Heeren voraus nach Paris. Ihnen folgten die Bayern und Russen; die Massen der Oberrhein-Armee erhielten die Richtung gegen die Loire oberhalb Orléans, die Armee Frimonts hatte sich links, südlich davon, anzureihen.

Jetzt griffen an verschiedenen Stellen Waffenstillstandsvorschläge der Franzosen in den Gang der Ereignisse ein, und ihnen gegenüber trat die Vielköpfigkeit der Verbündeten deutlich hervor. Nach englischer Ansicht sollte Ludwig XVIII. sofort in möglichst vollkommener Weise wieder in alle seine Königsrechte eintreten, und da er dem englischen Heere nachgefolgt war und schon am 7. Juli wieder in Paris eintraf, so mußte nach dieser Auffassung jede Feindseligkeit sofort da aufhören, wo der König aufs neue von dem Volke und den Behörden anerkannt war. Im schroffsten Gegensatz hierzu stand die Auffassung der Preußen, welche die französische Nation in ihrer Gesamtheit zur Verantwortung ziehen wollten für die Leiden und Mißhandlungen, die Deutschland durch sie erfahren hatte. Die Preußen wünschten noch eine möglichst große Zahl von Festungen in ihre Hand zu bringen, damit sie beim Friedensschluß als Faustpfand Verwendung fänden; es kam ihnen auch darauf an, für die zu erwartende längere Okkupationszeit den Besitz des Landes völlig zu sichern. Auch die Österreicher standen im wesentlichen auf demselben Standpunkt, während die Russen sich mehr auf die englische Seite neigten. Da nun Ludwig XVIII. auf die Übergabe der Festungen in größerem Umfang nicht eingehen wollte, so kam es zu der merkwürdigen Erscheinung, daß der Krieg stellenweise gegen den Monarchen fortgesetzt wurde, den die Verbündeten selbst zurückgeführt hatten. Im ganzen haben während der Friedensverhandlungen im Laufe der Monate Juli, August und September im Norden und Osten von Frankreich noch 15 Belagerungen stattgefunden, auf die hier nicht näher eingegangen zu werden braucht.

Da Europa im Frühjahr feierlich erklärt hatte, daß es nur Napoleon bekämpfen und die vorher in Frankreich begründete Ordnung aufrechterhalten wolle, so hatten England und Rußland es nicht allzu schwer, die Ungerechtigkeit deutscher Gebietsforderungen nachzuweisen, und es haben im zweiten Pariser Frieden nur geringe Verschiebungen der Grenzen stattgefunden. Die Hoffnung der besten Deutschen auf Wiedergewinnung von Elsaß und Lothringen mußte noch einmal ohne Erfüllung bleiben. —

Wenn sich in diesen Blättern die neuere historische Auffassung widerspiegelt, die in Napoleon nicht den unersättlichen Eroberer sieht, so soll doch den Zeitgenossen des gewaltigen Mannes nicht das Recht abgesprochen werden, anders über ihn zu denken. Es kann ihnen kein Vorwurf daraus gemacht werden, daß sie auch nach des Kaisers Ergebung an die Engländer an der Anschauung festhielten, die sie vorher gehegt hatten, daß sie ihn an den Felsen im Weltmeer ketteten, um eine vermeintlich große Gefahr zu beschwören. Sein Entschluß zur Ergebung war auch tatsächlich kein freier gewesen. Nachdem der Kaiser, zum ersten Male ohne Entschlußkraft, die vorhandene Gelegenheit zur Flucht nach Amerika versäumt hatte, mußte er seine Festnahme durch die neue Regierung und seine Auslieferung an die Verbündeten gewärtigen.

Es war ein hartes Geschick für den zweimal zu Boden geworfenen Riesen, daß er nicht unter dem Donnern von Belle Alliance den Tod des Helden gefunden hatte.

Personenverzeichnis.

Alexander I., Kaiser von Rußland. 4. 40. 58. 78. 79. 89. 97. 103. 104. 108. 110. 116.
Augereau, Herzog von Castiglione, franz. Marschall. 64. 73. 109. 116. 117.

Barclay de Tolly, Fürst, russ. General. 27. 29. 32. 125.
v. Benckendorf, russ. General. 14.
Bennigsen, Graf, russ. General. 66. 67. 72. 75. 78. 80. 86. 90.
Bernadotte, Karl Johann, Kronprinz von Schweden. 34. 38. 39. 59. 60 68. 70. 72. 80. 81. 84. 85. 87. 88. 90. 97.
Bertrand, Graf, franz. General. 21. 24. 69. 82.
v. Blücher, später Fürst v. Wahlstadt, preuß. General, später Feldmarschall. 15. 17. 31. 32. 41. 52. 60. 61. 65. 67. 69. 71. 72. 80. 81. 83. 86. 89. 90. 96. 102. 104. 105. 106. 107. 108. 110. 114. 115. 116. 122. 125. 127. 129. 132. 133. 136. 137. 139. 140.
v. Borstell, preuß. General. 6. 15.
Bubna, Graf, österr. General. 100. 109.
v. Bülow, später Graf v. Dennewitz, preuß. General. 6 8. 15. 34. 38. 59. 63. 68. 84. 87. 89. 93. 98. 101. 110. 129. 132. 135.

Caulaincourt, Herzog v. Vicenza, franz. General, Großstallmeister und Staatsmann. 109. 114.
Colloredo, Graf, österr. General. 75. 80. 102. 104. 141.
St. Cyr, siehe Gouvion.

Davout, Herzog v. Auerstedt, Fürst v. Eggmühl, franz. Marschall. 34. 37. 59. 84. 87. 88. 139.
v. Dörnberg (auch Dörenberg), russ. General. 14.
Drouet d'Erlon, Graf, franz. General. 134.

Eugen Napoleon, kaiserlicher Prinz, Vizekönig von Italien (v. Beauharnais). 6. 8. 13. 17. 23. 24. 91. 92. 117.

Ferdinand VII., König von Spanien. 95.
Fouché, Herzog v. Otranto, franz. Minister. 138.
Franz I., Kaiser von Österreich. 40. 103.
Friedrich Wilhelm III., König von Preußen. 7. 10. 40. 50. 58. 97. 103. 110. 113.
Frimont, Baron, österr. General. 125. 142.

v. Gneisenau, später Graf, preuß. General. 31. 33. 96. 112. 124. 131. 135. 137.
Gouvion St. Cyr, franz. Marschall. 37. 50. 56. 58. 63. 84.
Graham, engl. General. 95. 101. 116.
Grouchy, Graf, franz. Marschall. 133 136. 138.
Gyulai, Graf, österr. General. 37. 48. 80. 81. 82. 102. 104. 105.

Hessen-Homburg, Erbprinz, österr. General. 37. 48. 116.
v. Hiller, österr. General. 91. 92.

Jomini, Baron, franz. General. 31.
Joseph Bonaparte, König von Spanien. 94.
Jourdan, franz. Marschall. 91.

Kapzewitſch, ruſſ. General. 102. 106. 107.
Karl Auguſt, Herzog von Weimar. 99. 116.
v. Kleiſt, ſpäter Graf v. Nollendorf, preuß. General. 23. 38. 47. 48. 58. 102. 106. 107. 115.
Klenau, Graf, öſterr. General. 37. 48. 84.
v. dem Kneſebeck, preuß. General. 97.
Konſtantin, Großfürſt von Rußland. 37. 47.
Kutuſow, Fürſt Smolensky, ruſſ. Feldmarſchall. 9. 15. 16. 19.

Langeron, Graf, ruſſ. General. 37. 60. 61. 70. 100. 102. 107. 110. 112.
de Lauriſton, Marquis, franz. General. 27. 29.
Lecourbe, Graf, franz. General. 141.
Lobau, ſiehe Mouton.
Ludwig XVIII., König von Frankreich. 118. 119. 120. 121. 125. 127. 142.

Macdonald, Herzog v. Tarent, Marſchall von Frankreich. 5. 28. 52. 61. 62. 63. 65. 95. 101. 104. 105. 106. 114.
Maiſon, Graf, franz. General. 95. 101. 116.
v. Metternich, Fürſt, öſterr. Miniſter des Auswärtigen 103. 109.
Marie Louiſe, Gemahlin Napoleons. 97. 115. 120.
de Marmont, Herzog v. Raguſa, franz. Marſchall. 21. 24. 65. 80. 96. 100. 101. 106. 107. 110. 111. 112. 114. 115. 116.
Milhaud, Graf, franz. General 131.
Miloradowitſch, Graf, ruſſ. General. 27. 28.
Morand, Baron, franz. General. 14.
Morand, Graf, franz. General. 96.
Mortier, Herzog v. Treviſo, franz. Marſchall. 101. 103. 104. 105. 110. 114. 115. 116.
Mouton, Graf v. der Lobau, franz. General. 64. 134.
Murat, König von Neapel. 6. 64. 69. 70. 78. 92. 122.

Napoleon durch das ganze Buch.

Ney, Herzog v. Elchingen, Fürſt v. der Moskwa, franz. Marſchall. 21. 23. 24. 27. 28. 31. 51. 62. 68. 65. 69. 70. 100. 101. 119. 129. 130. 131. 133.

Olſufiew, ruſſ. General. 102. 106. 107.
v. der Oſten-Sacken, Baron, ruſſ. General. 37. 60. 65. 71. 80. 100. 106. 107.
Oudinot, Herzog von Reggio, franz. Marſchall. 21. 32. 34. 59. 61. 62. 65. 88. 108. 113.

Poniatowski, Fürſt, polniſcher General. 7. 37. 65.
St. Prieſt, Graf, ruſſ. General. 37. 60. 112.

Radetzky, Graf, öſterr. General. 68. 123.
Rapp, Graf, franz. General. 140.
Reille, Graf, franz. General. 134.
Reynier, Graf, franz. General. 5. 27. 80.

v. Sacken, ſiehe v. der Oſten-Sacken.
v. Scharnhorſt, preuß. General. 18.
Schwarzenberg, Fürſt, öſterr. Feldmarſchall. 5. 7. 40. 41. 42. 50. 56. 64. 66. 67. 73. 75. 77. 79. 81. 82. 86. 89. 90. 99. 101. 103. 104. 105. 107. 108. 109. 110. 113. 114. 123. 125. 141.
Sebaſtiani, Graf, franz. General. 27. 28.
Soult, Herzog v. Dalmatien, franz. Marſchall. 91. 93. 95. 117. 137.
Suchet, Herzog v. Albufera, franz. Marſchall. 91. 95. 117. 141.

de Talleyrand-Périgord, Fürſt v. Benevent, franz. Staatsmann. 118. 119.
v. Tauentzien, ſpäter Graf von Wittenberg, preuß. General. 37. 38. 59. 62. 63. 71.
v. Tettenborn, ruſſ. Oberſt, ſpäter General. 14. 84.
v. Thielmann, ſächſiſcher, ſpäter preuß. General. 14. 27. 132. 133.
v. Toll, Baron, ſpäter Graf, ruſſ. General. 40.
Tſchernitſchew, Graf, ruſſ. General. 14. 69.

Vandamme, Graf, franz. General. 37. 53. 57. 58. 87.

Victor, Herzog v. Belluno, franz. Marschall. 27. 28. 29. 32. 63. 96. 100. 101. 108.

Wallmoden-Gimborn, Graf, österr., ruff. und englischer General. 38. 59. 65.

Wellington, Herzog, engl. General. 91. 117. 122. 124. 125, 126. 127. 129. 131. 133. 134. 135. 136. 137. 139. 140.

v. **Wintzingerode**, ruff. General. 15. 37. 88. 100. 108. 110. 115.

Wittgenstein, Graf, ruff. General. 6. 8. 15. 17. 18. 24. 25. 29. 32. 37. 47. 48. 78. 79. 100. 102. 104. 108. 113

Wrede, Graf, später Fürst, bayr. General. 83. 99. 101. 102. 105. 108. 113. 114. 141.

Württemberg, Wilhelm, Kronprinz von W. 99. 108. 141.

Württemberg, Eugen, Herzog von W. 56. 58.

v. **Yorck**, später Graf von Wartenburg, preuß. General. 6. 7. 9. 15. 37. 60. 61. 69. 80. 82. 99. 101. 104. 105. 106. 107. 112. 115.

v. **Zieten**, preuß. General. 126. 128.